LA

POLITIQUE ISRAÉLITE

KIMON

LA
POLITIQUE ISRAÉLITE

POLITICIENS — JOURNALISTES
BANQUIERS
LE JUDAÏSME ET LA FRANCE

ÉTUDE PSYCHOLOGIQUE

PARIS
NOUVELLE LIBRAIRIE PARISIENNE
ALBERT SAVINE, ÉDITEUR
12, RUE DES PYRAMIDES, 12

1889
Tous droits réservés

LES POLITICIENS ISRAÉLITES

I

PREMIÈRES IMPRESSIONS

Celui qui, ne connaissant pas les Juifs, se trouverait, pour la première fois, en contact avec un politicien israélite, serait peut-être tout d'abord fasciné. Il admirerait un éclat, une vivacité séduisante, même des allures inspirées. Les idées, dégagées des entraves du doute, rapides comme des flèches, étincelantes comme de petits météores, lui paraîtraient jaillir d'une intelligence supérieure. Involontairement, il comparerait les opinions compliquées, les conceptions savantes de l'esprit aryen, avec cette agilité merveilleuse et cette audace éblouissante, et peut-être donnerait-il la préférence à l'esprit israélite ; peut-être le considérerait-il comme appelé à prendre la direction de l'Humanité et à tenir désormais les rênes des Gouvernements.

Toutefois, si cet observateur possédait quelque sagacité, il ne tarderait pas à être frappé par une foule de choses étranges. Les gestes, l'œil enflammé, les poussées stridentes et les roulements venimeux de la voix l'avertiraient de se défier de sa première impression. Bientôt, en écoutant, il remarquerait, avec surprise, que le cerveau israélite vit d'idées toutes formées, arrivant subitement, impulsivement, comme apportées par un télégraphe invisible. Dès lors, peut-être, il soupçonnerait que dans tout politicien israélite il y a un commencement d'aliéné. Mais, sans doute, un long temps s'écoulerait avant qu'il l'eût sondé et reconnu que, chez lui, la folie obéit à des lois précises, poursuit toujours un but, a toujours à sa base des convoitises ardentes et perspicaces.

Une particularité, importante entre toutes, arrêterait son attention. Les politiciens israélites semblent reliés les uns aux autres par des communications à distance. Au même moment, ils ont à la bouche la même idée, le même mot ; une même suggestion, une même secousse, les fait agir et parler ; on ne saurait mieux les comparer qu'à des centres nerveux dépendant les uns des autres, à travers lesquels une commotion se propagerait avec l'instantanéité d'une action réflexe. Ils n'ont pas besoin de se voir ni de conférer entre eux pour savoir ce qu'ils doivent dire : une voix mystérieuse leur dicte ses ordres et ils lui obéissent ponctuellement.

Si l'observateur, continuant son étude, examinait de plus près les excentricités des politiciens israélites, s'il s'attachait à découvrir les différences entre l'intelligence et la raison normales, telles que le génie aryen les conçoit, et leur état d'esprit, il ramasserait ces excentricités, ces différences, pour ainsi dire à la pellée. Non seulement les idées des Juifs en politique excluent toute pondération ; mais pour peu qu'on ne se laisse pas imposer par leur brillante impétuosité, on constate qu'elles sont toujours agitées, déséquilibrées et plus ou moins incoordonnées. Elles ressassent en général le même fonds, la pauvreté de la tête se trahit sous la mobilité de la langue, et des lacunes effroyables s'y manifestent. L'organisation intellectuelle des Juifs semble ne pas comporter une vue profonde du passé et de l'avenir ; il ne leur est pas donné d'embrasser les faits dans leurs causes lointaines et leur marche graduelle, ni de les suivre dans leur développement futur ; ils n'ont pas la faculté de regarder en arrière et en avant, si bien exprimée par le double visage du dieu Janus, qui symbolisait chez les Romains le génie politique ; leur horizon se réduit à l'actualité pure ; ils la saisissent d'une manière intense, ils l'exagèrent et leur loquacité brode sur elle à perte de vue.

Leur langage marche de pair. Le bon sens n'y est pas nécessairement représenté, mais la folie y apparaît toujours dans une proportion plus ou moins forte ; hyperboles admiratives, malédictions véhémentes, imprécations furieuses, prophéties menaçantes, raisonnements faux, contradictions effrontées, absurdités palpables, il est bien rare qu'un Israélite puisse discourir politique sans que ses paroles soient plus ou moins imprégnées et parfois saturées de toutes ces choses. Souvent le verbiage du politicien israélite produit sur ses auditeurs l'effet d'une vapeur empestée qu'on ne peut respirer sans en avoir la tête fatiguée et troublée.

D'autres faits n'appartiennent pas à l'observation courante et ne peuvent être étudiés que sur des Juifs d'élite. Certains d'entre eux, s'attribuant une capacité politique supérieure, prennent volontiers des airs extraordinaires.

On croirait qu'ils règnent sur le monde et que les deux hémisphères leur obéissent. Le Satan de la religion chrétienne, assis sur son trône d'orgueil, n'est pas plus magnifique, son regard ne plane pas avec plus de majesté sur l'univers. Cette allure est précieuse à observer ; car elle révèle, par un phénomène de concentration individuelle, les ambitions du Judaïsme entier et l'idée transcendante qu'il se fait de sa destinée.

Quant au mensonge, comment les politiciens israélites s'en abstiendraient-ils ? Chacun en a son petit bagage : il a été l'intime de Gambetta, ou bien il a inspiré la politique de Bismarck ; ou bien il raconte ses entrevues avec des personnages qu'il n'a jamais vus. Il est si délicieux de tromper, de faire avaler un récit vaniteux avec des détails bien apprêtés ! On a le double plaisir de se donner de l'importance et de se jouer spirituellement du monde.

Quelques traits ne manquent pas non plus

de pittoresque. De ce nombre est la répétition
enragée de certains mots. La presse israélite
allemande a, par exemple, fait un effroyable
usage du mot « Chauvinisme ». Les aliénistes
rattacheraient peut-être cette manie à ce qu'ils
appellent *la folie des mots*, c'est-à-dire à ce
besoin maladif de proférer continuellement un
ou plusieurs mots déterminés, qui tourmente
une catégorie d'aliénés.

Enfin, si l'observateur, sondant l'âme israélite, se demandait quels instincts animent les
Juifs lorsqu'ils font de la politique, l'illusion lui
serait-elle possible? Haine et vengeance, orgueil extravagant, charlatanisme, préoccupation de tromper et d'égarer : tels sont les instincts, les passions qu'il verrait en scène et
derrière la scène; il les verrait agir avec une
vigueur incroyable et la puissance d'une longue
accumulation séculaire.

1.

II

LA SOCIÉTÉ ISRAÉLITE DANS LA SOCIÉTÉ ARYENNE

Pour s'expliquer le monde israélite et découvrir les lois qui en régissent l'expansion, il est
essentiel de pénétrer la structure de son intelligence. Il en a une très active, très vive, et
très différente de l'intelligence aryenne. Dans
le cerveau sémitique, les plans multiples, les
vastes horizons, le grand cadre moral de
l'esprit aryen sont remplacés par un démon
plein de feu et de malice, alerte dans ses mouvements, subtil dans ses tromperies, habile et
audacieux jusqu'au prodige. Quelle soudaineté
à inventer un mensonge ! Quelle astuce pour

tramer un piège ! Quelle adresse consommée pour satisfaire son insolence ! Et quel art de se déguiser, de cacher ses griffes sous une douceur charmante, sous les séductions les plus délicates de la flatterie et de la tendresse !

Chose digne de remarque ! dans cette intelligence sémitique, tout est organisé avec perfection, tout a reçu d'avance une éducation achevée. S'il y a, parmi les Israélites, des natures plus ou moins riches, chez tous on aperçoit les mêmes rouages, et ces rouages fonctionnent avec la précision de l'instinct. Quiconque a étudié les fraudes sémitiques a été frappé du caractère instinctif, quasi fatal, qui y règne. Le négociant juif qui fait banqueroute, ou arrache à ses créanciers un concordat amiable, n'y apporte pas moins de soin qu'un oiseau à construire son nid ; l'évolution frauduleuse suit sa marche en vertu de lois fixes ; elle se compose de mille détails, de mille stratagèmes qui, adaptés aux circonstances, se

retrouvent, dans les cas les plus divers, avec
une fidélité surprenante. Elle a des mots, des
accents, des scènes caractéristiques; qui les a
vues une fois les a toutes vues.

Le démon a aussi son système moral; si la
cupidité le dévore, l'orgueil ne le tourmente
pas moins. Pénétré de sa supériorité, il regarde
avec dédain le monde aryen et se dit qu'il en
est ou sera le maître. Tout ne doit-il pas lui
céder? Comment avec ses aptitudes systéma-
tisées, ses facultés que la nature a dressées et
affilées en vue de la conquête, ne le soumet-
trait-il pas à son empire? N'a-t-il pas des trésors d'énergie et des abîmes de ruse? N'a-t-il
pas aussi à venger les défaites de son passé et à
justifier l'oracle de sa domination universelle,
oracle qui a survécu à la ruine de Jérusalem
et à la destruction du Temple?

Avec ces idées et ces passions, la politique
israélite ne peut poursuivre qu'un but : la
domination de la société israélite sur la société
aryenne; et ce but, elle le poursuit avec l'ardeur

et l'activité de la guerre. Car Israël n'est pas seulement une société ; Israël forme avant tout une armée ; et cette armée, chef-d'œuvre d'organisation, a sa hiérarchie, ses chefs, ses soldats, ses émissaires, ses espions ; les ordres s'y transmettent avec une rapidité électrique, ou plutôt chacun, par une révélation intérieure, sait ce qu'il doit faire. Quant aux méthodes de combat et d'attaque, il suffit de lire la Bible pour les connaître : une perfidie profonde les anime ; Israël excelle dans les attaques par derrière (1).

Périodiquement, après avoir, lentement et en silence, accumulé ses forces, l'armée d'Israël s'ébranle et s'élance sur la scène du monde. Elle brise tout devant elle et marche de succès en succès, de triomphes en triomphes.

Quelle fécondité de ressources stratégiques! Quelle agilité surnaturelle pour récolter les fruits d'une tromperie avant que la lumière se

(1) *Livre de Josué*, ch. VIII.

fasse (1)! Quel génie dans le maniement de la réclame (2)! Quelle multiplication du temps par la vitesse de l'action (3)! Quelle préparation savante de l'invasion par la corruption et l'espionnage (4)! Et quelle capacité de destruction! Quelle richesse de butin! Comme l'or et l'argent ruissellent dans ses mains victorieuses! Enfin, quelle admiration et quelle terreur règnent autour d'elle! Les rois de la terre tremblent; Israël traite avec eux d'égal à égal; et malheur à ceux qui n'enverraient pas leurs ambassadeurs aux funérailles de ses princes et au mariage de ses filles!

(1) La manne, qu'il faut récolter et manger avant le lever du soleil. Si l'on attend le jour, la manne pue et les vers s'y mettent, c'est-à-dire l'affaire sent mauvais et on ne peut plus faire de dupes. (*Exode*, ch. XVI.)

(2) Les trompettes de Jéricho. (*Livre de Josué*, ch. VI.)

(3) Josué arrêtant le soleil. (*Livre de Josué* ch. X, v. 12 et 13.)

(4) *Livre de Josué*, ch. II.

Il ne faut donc pas s'étonner que la politique israélite agisse sur la société aryenne comme un dissolvant, qu'elle travaille à aveugler les esprits, à affaiblir la conscience historique, à détruire la foi dans le passé, à propager de tous côtés l'irréflexion et la déraison. Si la société aryenne traverse une de ces tristes phases où une nation, prise de vertige, séduite par des fantômes, éblouie par des nuées idéologiques, se persuade que tout, dans sa longue histoire, n'a été qu'erreur et mensonge, foule aux pieds ses gloires, s'approprie et répète les outrages de l'étranger, s'endort sur les dangers qui la menacent et les convoitises qui l'assiègent, alors le Sémitisme aura libre carrière pour précipiter la décomposition, et il ne manquera pas à sa tâche. Il saura envelopper dans ses attaques désorganisatrices aussi bien les bases profondes et lointaines de la société aryenne que ses grandeurs contemporaines. Religion, héroïsme militaire, mémoire des entreprises glorieuses, des grandes

luttes qui ont sauvé l'indépendance nationale
ou la civilisation européenne, la Grèce comme
la France, les poèmes d'Homère comme
l'Évangile, tout sera livré au mépris : et le
sophisme, l'ironie, la caricature, en prose, en
vers, en musique, étendront sur tout leurs
plaques de lèpre.

III

INFLUENCE PERNICIEUSE DE LA SOCIÉTÉ ISRAÉLITE SUR LA SOCIÉTÉ ARYENNE

L'analyse des causes qui rendent le contact de la société israélite si dangereux pour la société aryenne n'est pas un sujet facile à épuiser. La simple illusion de la seconde sur les tendances de la première, l'idée chimérique qu'elle l'absorbe et lui fait partager ses sentiments les plus chers, constituerait déjà un danger grave. Et cette illusion n'est que trop répandue. Combien peu de personnes voient la société sémitique telle qu'elle est, avec ses principes immuables et sa cohésion prodigieuse, nourrissant au fond de son cœur l'antagonisme éternel qui la sépare du monde aryen ! Éparse, disséminée dans divers pays, cette société n'en a que plus d'unité, plus d'opiniâtreté à se distinguer de ce qui l'entoure ; elle n'en vit que plus énergiquement en elle-même et pour elle-même. Si elle paraît se mêler à la société aryenne, se laisser entraîner dans le même orbite, ce n'est toujours plus ou moins qu'une feinte, un rôle accommodé à ses intérêts. Ce rôle, elle le joue sans doute à merveille ; elle paraît, par moments, s'identifier avec la société aryenne, mais, au premier signal, elle ressaisit son indépendance, comme une courtisane qui ne livre jamais son cœur. Aussi, et même sans le vouloir, la société israélite exerce sur la société aryenne une pernicieuse influence ; on ne fait le bien que de ceux qu'on aime et à qui l'on se donne ; on ne peut guère faire du mal qu'à ceux que l'on hait et méprise.

Un exemple, aussi simple que démonstratif, mettra en lumière les dangers de cette influence.

S'il y a, dans le monde israélite, une préoccupation qui travaille tous les cerveaux, c'est celle de la fortune rapide, du profit considérable obtenu par un coup de main. Mais, chez l'Israélite, la passion du gain a la ruse à ses ordres ; elle ne s'égare pas, elle n'abandonne rien au hasard ; lucide, défiante, toujours aux aguets, prompte à saisir l'occasion, elle marche à son but d'un pas sûr et agile.

Au contact de la société israélite, la même passion se répand dans la société aryenne. Chacun rêve de multiplier sa fortune par des combinaisons heureuses. Mais autre chose est de contracter les vices d'une race, autre chose est de s'assimiler son génie. L'Aryen, crédule et ignorant, qui veut spéculer, sert à l'Israélite de victime préférée : celui-ci a précisément l'adresse infernale d'exciter chez l'Aryen l'appétit du gain pour mieux le dépouiller. Ainsi la société aryenne, devenue agioteuse, fournit à l'agiotage sémitique sa meilleure proie ; et le Sémitisme trouve dans la contagion de ses

penchants cupides un excellent moyen de fortune et de conquête.

Malheur, du reste, à la société aryenne lorsqu'en face de la société sémitique, elle perd de
vue l'abîme qui les sépare! La première a la
délicatesse d'un organisme supérieur; l'aptitude à dégénérer y égale l'aptitude à s'élever.
Dès que les forces ascendantes cessent d'agir,
elle descend d'une manière effrayante. Le bien
y opère des miracles; mais le vice, s'il n'est
pas combattu, y acquiert une expansion des-
tructive. Elle ne subsiste en quelque sorte que
par la puissance de conceptions sublimes, par
la contemplation incessante d'un idéal austère,
par des précautions savantes pour refouler le
mal et modeler les âmes sur un type à la fois
viril et divin. Si elle se relâche de la sévérité
de ces principes, si la mollesse y pénètre, si les
idées morales s'y affaiblissent et que le culte
impur de la richesse et de la volupté y remplace
celui de la vertu, si le sentiment de la vérité s'y
obscurcit et que l'art du mensonge y corrompt

les cœurs, si elle n'a plus pour la conduire de hautes intelligences et des caractères trempés, on peut dire à coup sûr qu'elle se décompose. Le charlatanisme dans le domaine de la politique, l'escroquerie dans celui des affaires, le désordre dans la famille, la dette publique écrasante, l'invasion des étrangers, toutes les hontes, tous les scandales, toutes les plaies l'envahissent et la rongent, et, sous l'épanouissement du bien-être matériel, sous les illusions empoisonnées, on aperçoit de tous côtés les symptômes de la mort.

IV

STABILITÉ ANIMALE DE LA SOCIÉTÉ ISRAÉLITE

La société israélite a sur la société aryenne
l'avantage de constituer un organisme infiniment plus simple. Jouissant d'une stabilité
parfaite comparable à celle d'une espèce animale, elle n'exige pas, comme la société
aryenne, l'intervention continuelle d'une action supérieure. Celle-ci est gouvernée par des
IDÉES, tandis que la société israélite l'est par
des INSTINCTS très constants et très fortement
organisés. Ces instincts lui fournissent la loi
complète de sa direction, uniforme et invariable à travers les âges. Ils régissent l'individu

comme la société entière. Aussi la formation
de l'homme y est-elle un effet de transmission
héréditaire et non le résultat d'un travail spécial et difficile. La seule nature, dans la société israélite, fait ce qui, dans le monde aryen,
ne peut être obtenu que par des prodiges de
méthode.

Insensée est donc l'erreur de la société
aryenne lorsqu'elle prend la société israélite
pour modèle. Celle-ci n'a que faire d'idées
sublimes et de vertus idéales ; elle ne les comprend pas ou les méprise. Ces idées et ces
vertus sont, au contraire, la base de la société
aryenne. La société israélite supporte facile-
ment une dose de corruption. Introduite dans
la société aryenne, cette dose suffit pour la
décomposer. Certaines libertés ne présentent
aucun inconvénient pour la société israélite
qui n'est pas même tentée d'en user. Ces mêmes
libertés (par exemple celles qui permettent
l'empoisonnement alcoolique en masse de la
population) sont fatales à la société aryenne.

Enfin, dans la société israélite, l'homme se développe de lui-même en un tout bien centralisé, que dirige, sans déviation aucune, un égoïsme brûlant dans ses désirs et froid dans ses calculs. Dès l'enfance, il sait faire converger tous ses actes vers son intérêt, qui lui est chose sacrée, qui représente pour lui l'absolu et le divin. L'Israélite, homme simplifié, d'une structure quasi élémentaire, n'a donc pas besoin d'une éducation savante. Il en est tout autrement dans la société aryenne; là, l'éducation est par excellence le problème à résoudre; il faut que chaque homme porte en lui-même les fondements grandioses de la civilisation aryenne, que son intelligence et son âme reçoivent à jamais l'empreinte de pensées d'une grandeur immense et d'une pureté incorruptible. Il ne s'agit pas de le faire rétrograder en lui inculquant le culte de l'argent et les ressorts de la tromperie; il s'agit d'imprimer à tout son être un mouvement vers l'idéal céleste.

Et l'homme, formé sur cette échelle surhumaine, ne doit pas être affaibli, écrasé par le poids d'aspirations excessives; il faut encore qu'il possède en lui tous les éléments de force et de direction individuelles. La société dont il fait partie doit être grande, propre à réaliser sa mission; pour atteindre ce but, il faut qu'il constitue lui-même un être robuste et complet, sage et réfléchi, droit et courageux. Il est donc vrai de dire qu'il n'y a pas, dans la société aryenne, de problème comparable à celui de l'éducation. Quelle effroyable aberration lorsque, au lieu de se guider par ses propres principes, elle veut imiter la société sémitique, laisse faire la nature et se persuade avoir accompli son œuvre en meublant l'homme d'une certaine quantité de savoir matériel et de quelques faux talents, au lieu de lui forger le caractère et lui inspirer l'horreur du mal!

*
* *

En politique, l'imitation du Sémitisme est
peut-être plus féconde encore en conséquences
désastreuses.

La société israélite, à proprement parler, n'a
pas de politique. Servie par des instincts
qu'elle n'a nul besoin de méditer ni de mettre
en théorie, sûre qu'elle est de ne jamais s'en
écarter, elle ne peut jamais entrer dans la conception politique aryenne. Société nomade, de
parasitisme et d'exploitation, comment pour-
rait-elle comprendre une nation aryenne et
vivre de son histoire? C'est pourquoi la politique de politicien israélite se compose d'emprunts, de surexcitations superficielles, d'idées
au jour le jour; elle est frivole et tapageuse,
mobile et grimaçante ; elle sue le nervosisme,
la faconde, le commérage, l'insulte. La société
aryenne qui en subit l'inspiration est travaillée
par un agent délétère ; elle a bientôt le cerveau
troublé, elle ne se connaît plus, n'a plus conscience de ses lois propres ; ses mouvements se
dérèglent, les idées fondamentales de pouvoir

et de gouvernement s'altèrent; des enthousiasmes aveugles, des explosions soudaines
remplacent la froide prévoyance; l'arène politique devient une scène de théâtre bruyante et
convulsive, où des masques s'entre-choquent
au cliquetis des mots sonores et des formules
retentissantes; les hommes d'État disparais-
sent, et il le faut bien : quel rapport peut-il y
avoir entre le génie de l'homme d'État aryen
et l'effronterie du journaliste juif? Là où règne
celui-ci, l'autre ne peut exister.

V

CONFORMATION INTELLECTUELLE ET INSTINCTS
DES JUIFS

L'immixtion des Juifs dans la politique est
d'autant plus nuisible que leur conformation
intellectuelle les appelle irrésistiblement à
autre chose. La nature, a dit Aristote, ne fait
rien de plus parfait que ce qu'elle crée en vue
d'un but spécial (1). Le Juif a reçu de la nature cette haute distinction ; elle a fait de lui un

(1) La nature donne à chaque être sa destination
particulière ; ainsi chaque pièce de son grand œuvre
est d'autant plus parfaite, qu'elle a un emploi plus
exclusif. (*Politique*, l. I, ch. I.)

trafiquant consommé ; elle lui a donné la subtilité, le flair, la ruse, la souplesse, l'activité, la promptitude à s'élancer sur sa proie, la cruauté pour la dévorer, enfin, toutes les qualités requises pour vivre aux dépens des autres hommes. Sa tête fermente continuellement comme un laboratoire à mensonges et à tromperies ; sa langue insinuante sait parler un langage persuasif, et, par une mélodie perfide, faire vibrer le penchant du cœur qu'il a surpris ; la tendresse et l'affection lui coulent, au besoin, des lèvres, et jamais Syrène antique n'a mieux attiré ses victimes par le charme de l'admiration et les enivrements de la flatterie.

Qu'il s'agisse d'ailleurs de séduire ou de corrompre, d'éblouir ou d'endormir, tous les arts du serpent lui sont familiers. Un homme s'affaiblit-il ? A l'instant le Juif apparaît, aussi bien que, dans les plaines de l'Amérique du Sud, le vautour, invisible au ciel, se précipite soudain sur le cheval blessé qu'on abandonne et qui va expirer. Un fils de famille gaspillet-il son patrimoine? L'usurier israélite, le marchand de biens israélite, le bijoutier israélite, accourent pour accélérer sa perte. Comme on va le jeter dans les billets, dans les hypothèques, dans les ventes à vil prix! Quelle émulation les animera, et comme ils sauront agir de concert, tout en paraissant ne pas se connaître les uns les autres! Faut-il lancer une société frauduleuse? Le Juif en sera l'organisateur, s'il n'en est l'initiateur; il élaborera le prospectus, il établira les statuts, il choisira les administrateurs, il conduira à l'abattoir le troupeau des actionnaires, il inventera et exécutera tout, il parlera et agira plus que tout le monde, et, malgré cela, il saura rejeter les responsabilités sur autrui en conservant les gros profits pour lui-même. Un gouvernement taré émet-il un emprunt? Ce sont des ruines qui se préparent et une grande fortune israélite qui s'élève. Faut-il faire sombrer un navire en pleine mer pour palper une grosse indemnité d'assurance sur des marchandises qui n'ont pas été embarquées ? Le Juif organisera cette fraude, il obtiendra des employés de la douane brésilienne ou mexicaine des certificats mensongers d'embarquement, et tout sera si bien combiné, le sinistre se produira dans des conditions si naturelles, que la Compagnie devra payer le montant de l'indemnité, y compris de prétendus lingots d'or restés au fond de l'Océan.

Et dans tous les trafics, dans toutes les affaires d'argent, le Juif apporte des perfections de virtuose. Il a le discernement du lieu où il faut s'installer et du moment où il faut agir ; il sait donner à son établissement comme à l'étalage de sa marchandise l'éclat et la couleur nécessaires, il sait le langage qu'il faut tenir et le bruit qu'il faut faire, il sait tendre l'appât aux passions crédules et jeter l'amorce aux caprices dispendieux. il sait mettre en mouvement les intermédiaires, il sait attaquer ses concurrents par d'habiles dédains et des bruits calomnieux, il sait inspirer la confiance

et la faire renaître après l'avoir perdue, il sait
entraîner les puissants dans ses spéculations,
il sait payer d'audace lorsqu'il est démasqué,
et, à force d'intrigues, obtenir le silence et
l'impunité, il sait..... que ne sait-il pas? Mais
surtout, sa volonté agit sans cesse, élastique
au suprême degré, ne reculant devant aucun
effort, se prêtant à toutes les combinaisons, et
aussi capable de conduire à bonne fin une
fraude en dix ans que de la concevoir et de
l'exécuter avec la rapidité de l'éclair. Son ambition infatigable est celle d'un fils de l'enfer
pour lequel il n'y a rien de conquis tant qu'il
reste quelque chose à conquérir.

<h1 style="text-align:center">V I</h1>

<h2 style="text-align:center">L'ESPRIT ISRAÉLITE</h2>

La Nature, qui n'aime pas à s'arrêter à moitié chemin, a éliminé de l'intelligence de l'Israélite tout ce qui eût pu entraver son développement spécialisé. Cette intelligence, procédant par de vives poussées, par des idées subites, ayant toujours pour objectif des faits immédiats, les concevant comme s'ils n'avaient ni veille ni lendemain, répugnant même à toute compréhension grave et sévère des choses, forme avec les qualités de l'intelligence politique un contraste parfait. En politique, il ne s'agit plus de mystifier un acheteur ou de

3

répandre une panique ; les sauts et les bonds de la ruse mercantile, qui ne voit que le succès du jour et fait fi de la loi morale, conduiraient un gouvernement à sa perte infaillible. Au contraire, dans les affaires de trafic, celles surtout où l'Israélite excelle, ce sont des forces souveraines. Qui racontera jamais les miracles de la fausse nouvelle, les merveilles de la hausse et celles de la baisse, les prodiges de l'émission et ceux de l'accaparement ? La Chimère de la mythologie grecque avait le corps d'une chèvre et la queue d'un dragon ; la spéculation israélite, avec ses soubresauts et ses dévastations, n'a-t-elle pas là son emblème ?

Transportés dans la politique, cette mobilité, ces audaces imprévues, ces manœuvres dans le faux et par zigzags capricieux, cette passion de résultats sur l'heure, comme s'il s'agissait de piller et de s'enfuir (1), ce mépris de la con-

______

(1) Le pillage à grande vitesse est pour Israël une loi sacrée : « Qu'on se dépêche de butiner, dit le prophète Esaïe ; qu'on hâte le pillage. » (Ch. viii, 1.)

science humaine, ne peuvent que produire des désastres incalculables. Là, il faut à tout moment la conception d'un vaste ensemble, les larges vues, l'enchaînement, la sagesse, la mesure, la prévoyance des conséquences lointaines; il faut respecter la vérité et se défier des victoires éphémères; il faut la confiance lentement acquise et la considération savamment justifiée. Les forces intellectuelles de la politique et les facultés spéciales avec lesquelles se ramasse une grande fortune israélite sont ainsi placées à l'opposite les unes des autres; il y a entre elles une différence de même ordre qu'entre un édifice majestueux destiné à durer des siècles et les trop éclatantes splendeurs d'un cirque d'acrobates.

Du reste, il suffit de n'avoir pas le bon sens perverti pour s'apercevoir, au langage de l'Israélite, que la politique n'est guère son domaine. L'éloquence du politicien israélite, imprégnée de trafic, en exhale toutes les odeurs. Dans ses plus chaudes exubérances, il semble toujours faire l'article ; ses élans ont les ardeurs d'une vente chauffée à grand train, et ses enthousiasmes, des accents de claque de théâtre ; ses explosions agressives, ses invectives, souvent grossières ou d'une amertume emphatique, respirent les fureurs de la rivalité commerciale ; ses vanteries impudentes et sa frénésie de dispute sentent le champ de foire ou le vestibule de Bourse.

Exagérant chaque incident du jour, il en fait un grand événement ; une nouvelle insignifiante le terrifie. « Les troupes russes, s'écrie-t-il avec anxiété, se concentrent en masse sur les frontières de Galicie, la guerre entre la Russie et l'Autriche va éclater, la France sera entrainée dans cette conflagration ! » Convulsif, hagard, il est certain de ce qu'il avance : c'est l'ambassadeur d'Allemagne en personne ou son premier secrétaire qui le lui a dit le matin même. Quelques jours après, lorsque son visage aura repris une expression de sécurité splendide, gardez-vous de lui rappeler ses prédictions sinistres; il vous regarderait avec étonnement et vous accuserait de lui prêter des inquiétudes qu'il n'a jamais eues et des paroles qu'il n'a jamais prononcées.

Non seulement l'esprit de trafic imprime à la politique israélite sa physionomie. Mais, derrière la politique, le trafic est toujours présent et agissant; ou plutôt, il n'est jamais plus actif que lorsque la politique, élargissant son champ d'opérations, lui permet de pénétrer jusqu'au cœur de la vie publique. Alors, maître des secrets du gouvernement, n'ayant plus rien à craindre de la Justice timide, il peut spéculer en toute liberté; la Terre promise est dans ses mains, il n'y a plus qu'à récolter.

Et si quelque politicien israélite affecte une intégrité plus ou moins réelle, qu'on ne s'y trompe pas, ses coreligionnaires spéculent autour de lui, et son état de dépendance cérébrale, par rapport à eux, l'oblige à mettre son influence au service de leurs intérêts. Qui n'a remarqué, par exemple, les emportements d'Israélites, ne faisant eux-mêmes aucun commerce, contre les tarifs de douane, abhorrés du cosmopolitisme juif, qui les poursuit d'une haine éternelle ?

Ce mélange intime de la politique et du trafic a trouvé son incarnation dans certains êtres hybrides qui ont fait marcher de front l'ambition politique et la filouterie bursale. Bien dégradée est la nation où ce type affreux a pu exister et où le boursier insolent a pu jouer au futur sous-secrétaire d'État !

Chose curieuse ! Malgré ses instincts mercantiles, l'Israélite se croit volontiers une aptitude extraordinaire pour la politique. Qui désire ses bonnes grâces fera bien d'écouter ses dissertations à grande volée sur les événements du jour ; par contre, pour lui déplaire, il suffira de ne pas se prêter à ses conversations politiques ou de les laisser poliment tomber.

La collectivité israélite nourrit la même idée ambitieuse. La Bête superbe, au diadème d'or,

aspire à gouverner le genre humain, et, dans
son orgueil gigantesque, elle aimerait mieux
rouler au fond des abimes que de ne pas réaliser
l'oracle de sa domination universelle.

VII

CAUSE DE FAIBLESSE DE LA SOCIÉTÉ ARYENNE EN FACE DE LA SOCIÉTÉ ISRAÉLITE

A certaines époques, la société aryenne s'engoue de l'Israélite et rêve de se réconcilier avec lui ; elle se persuade qu'elle a été injuste et barbare, que l'Israélite vrai est tout autre que celui qu'elle a persécuté, qu'elle a pris les crimes de quelques-uns pour le vice de tous, ou bien qu'en dégradant l'Israélite, elle l'a fait criminel, qu'il faut enfin, dans un intérêt commun, mettre un terme à sa vieille haine et se rajeunir elle-même en invitant le Judaïsme délivré à entrer dans son sein et à contribuer à sa rénovation.

3.

Averti par son expérince historique, l'Israélite pressent de longue main ces tendances et en suit les progrès avec une joie ardente. Il sait que, bientôt généralisées, elles feront la loi, que ses chaînes seront brisées, et qu'il lui sera permis d'envahir la scène du monde, riche de l'énergie accumulée dans les siècles d'oppression et décuplée par la soif de vengeance.

Il sait que tout va lui devenir favorable : il était méprisé, et il passera pour un être supérieur ; on l'outrageait, et il outragera ; on le pressurait, on l'accablait d'impôts, et il va livrer l'Humanité entière à une exploitation dévorante. Grands et petits seront humbles devant lui ; il habitera les châteaux de l'aristocratie, et les diamants de la plus auguste des couronnes iront parer sa femme ou sa maîtresse.

Ces splendeurs, il le sait, ne dureront pas ; une Providence éternelle lui a marqué ses limites, et cette Providence, vigilante dans son immobilité et redoutable dans sa patience, l'arrêtera à l'heure nécessaire.

Il faut n'avoir jamais observé l'Israélite pour ne pas avoir aperçu de sombres pressentiments dans le fond de son âme. « Si vous regardez leur marche hardie, dit Bossuet en parlant des démons, et leur contenance fière et présomptueuse, vous verrez d'abord leur force et leur puissance ; si vous observez de plus près leur marche, vous reconnaîtrez aisément leurs ruses et leurs détours ; et enfin, si vous pénétrez jusqu'au fond, vous verrez qu'avec leur mine superbe et leur appareil redoutable, ils sont déjà rompus et défaits, et qu'étant encore tremblants et effrayés de leur déroute, il est très facile de les mettre en fuite. »

Il y a quelque chose de semblable dans l'attitude de l'Israélite. Aux éclats d'arrogance succèdent, sans transition, le silence et l'humilité ; les grands airs dominateurs font tout à coup place à une inquiétude étrange ; on dirait des névrosés du Moyen-Age qui, au milieu des pompes nocturnes du sabbat, verraient avec effroi l'apparition du jour. Cette tête qui s'élève dans la nue semble n'avoir jamais cessé de baiser la terre !

Mais l'époque lui appartient, la trompette de la délivrance et celle de la victoire sonnent à ses oreilles; les oracles lugubres, qui viendront plus tard le consterner, ne se font pas entendre; il a le temps de conquérir la terre et peut-être, en se hâtant, conjurera-t-il à jamais le destin.

La société aryenne, il faut le dire, s'ingénie à le seconder. Elle s'éprend de l'Israélite et en devient en quelque sorte amoureuse. Il lui fait l'effet d'un homme plus intelligent, plus complet, plus parfait que les autres. Son esprit la charme et sa voix l'enivre; avec le temps, elle écoutera mieux cette voix, et, sous les flatteries harmonieuses, sous les caresses tendres, elle entendra les grincements haineux et les brutalités abjectes; elle analysera le rire et le sourire. Mais ce désenchantement ne se produit qu'avec une extrême lenteur; l'illusion reste longtemps maîtresse, et plus l'Israélite est Israélite, plus la société aryenne l'aime et l'admire.

Elle éprouve même parfois le besoin de se prosterner devant lui. Lorsqu'elle le rencontre à l'état concentré, étincelant d'audace et d'insolence, maniant l'injure avec dextérité, comme un maître d'escrime manie l'épée, improvisateur prestigieux de mensonges, bien séduisant, bien mystificateur, réalisant en un mot le type célèbre du magicien d'autrefois, elle le prend pour un être surnaturel, presque pour un dieu.

Une fois sur cette pente, comment la société aryenne s'arrêterait-elle ? L'Israélite, auquel elle a donné son cœur, jouit de toute sa confiance. Il peut en user et en abuser, il le sait; aussi n'est-il pas de sphère où il ne pénètre avec la fougue d'un envahisseur. Gouvernement, diplomatie, armée, administration, magistrature, tout semble avoir été créé pour lui, partout les premières places lui sont réservées. Jadis il passait pour un international et son patriotisme propre d'Israélite, tenace et jaloux, paraissait en exclure tout autre. Maintenant, il passe pour un patriote à la deuxième puissance, et personne ne songerait à lui demander où il est né. Ni son extranéité flagrante, ni son accent ne gênent sa carrière; et la société aryenne se croit d'autant mieux dirigée qu'elle a plus d'Israélites à sa tête, en possession des secrets de sa politique, parlant à l'étranger en son nom et lui façonnant l'intelligence à l'image de la leur.

VIII

VÉRITÉS AMÈRES

Dégager d'une grande illusion quelques vérités amères est le meilleur moyen de la combattre. Pourquoi la société aryenne ressent-elle pour l'Israélite cette admiration ? Pourquoi accepte-t-elle ses envahissements avec tant de facilité ?

L'explication n'est pas difficile : un examen de conscience suffit.

Elle est tombée dans de funestes habitudes d'inaction ; éprise de beau langage, elle fuit toute réflexion solide, toute idée forte, et leur préfère des mensonges attrayants ; elle a oublié sa vieille expérience, ne connaît plus ses propres fondements et voit presque sans douleur tomber pièce par pièce l'édifice glorieux de son passé. Au lieu d'agir au delà de ses frontières et de refouler l'étranger, elle se laisse inonder et s'imagine être d'autant plus enviée qu'elle est plus envahie.

Les avertissements la trouvent endormie et rien ne peut l'arracher à sa somnolence. Les caractères affaiblis répugnent aux efforts prolongés ; les grandes vertus, le labeur énergique, l'étude austère lui semblent surannés, presque excentriques ; elle poursuit les succès faciles et les jouissances du bien-être, tandis que les virtuosités artistiques règnent sur les cœurs ; en même temps l'intrigue et le verbiage s'emparent des régions scientifiques et politiques ; les réputations se font par les expédients vulgaires de la publicité ; les hommes n'ont plus même la force ni l'orgueil de posséder à fond les connaissances de leur carrière; à quoi bon? Plus leur bagage sera superficiel, mieux ils seront compris et appréciés.

Est-il surprenant qu'au milieu de cette dégénérescence, l'Israélite joue le rôle d'un être plus fort et mieux conduit? Partout, dans la science comme dans le commerce, dans les arts comme à la guerre, l'activité dépouille la paresse. L'activité sémitique est d'autant plus redoutable qu'elle sait s'adapter aux vices et en tirer un prodigieux parti. Elle s'empressera de fournir à la société aryenne amollie des administrateurs et des fonctionnaires. Ils sauront au moins leur métier et ne fuiront pas le travail. L'intrigue sera pour beaucoup dans leur multiplication, mais la chose sera, jusqu'à un certain point, légitime.

En vain d'ailleurs la société aryenne voudrait se complaire dans la frivolité; en vain elle voudrait s'illusionner sur son ignorance que de faux savants, gorgés d'honneurs et d'argent, lui cachent avec soin, et braver la honte d'être la dernière à s'initier aux grands travaux de la science universelle. L'implacable vérité ne se laisse; a pas indéfiniment corrompre; et le jour viendra où les satisfaits de la science nationale, ceux qui ne l'ont pas créée, mais qui l'exploitent et la compromettent, devront compter avec la science étrangère. Qui en sera l'importateur? Naturellement le docteur juif, pour lequel s'ouvrira une ample carrière de succès.

Les exemples ne manquent pas. Croit-on que, si les médecins français, ceux à qui était confié le haut enseignement professionnel, eussent été attentifs aux travaux de la science médicale allemande et autrichienne, tel docteur israélite aurait pu les accabler de ses railleries, ridiculiser leur ignorance en face d'eux-mêmes, et par derrière, mêlant le faux au vrai, leur prêter mille absurdités qu'ils n'avaient jamais dites, les tyranniser, en un mot, avec la malice d'un monstre aimable et ramasser des millions en bafouant ses confrères?

L'importance du savant israélite étranger

dans le domaine des langues orientales et la philologie grecque, de l'astronomie, etc., n'est pas moins accusatrice pour la science française; et on peut dire qu'en obligeant la France à recourir à la science étrangère, elle a mérité le mépris. Si la France n'en avait pas besoin, de cette science étrangère, elle s'est discréditée à plaisir, elle a, de ses propres mains, attenté à son prestige scientifique et élevé la science allemande sur le pavois, en se constituant en état d'infériorité flagrante.

Ah! ce n'est pas en Allemagne que de pareilles aberrations pourraient s'implanter jusqu'à devenir un système! Suppose-t-on un Laplace ou un Burnouf sollicitant une chaire de professeur à l'Université de Berlin ou de Gœttingen? Toutes les portes lui seraient fermées, tous les refus l'attendraient et si, par extraordinaire, il était nommé, le corps des professeurs, soutenu par l'opinion, se soulèverait en masse; entouré d'hostilités, il lui faudrait bientôt vider les lieux, et la naturalisation ne lui permettrait pas d'échapper à l'ostracisme.

En matière de finances, l'ignorance et l'incapacité françaises ont produit les mêmes effets. Le peuple qui ne sait pas traiter lui-même ses affaires financières, qui fait appel aux capitaux israélites pour combler les déficits de ses budgets, qui a recours à l'intermédiaire des banquiers israélites pour rassembler pendant une crise les fonds d'un emprunt, ce peuple est manifestement dépourvu d'un organe essentiel. Certes les Romains, luttant contre le Sémitisme carthaginois, ne sont pas allés chercher de l'argent à Carthage ni s'agenouiller devant ses capitalistes. Si la Ville Éternelle se fût endettée envers Carthage, elle eût bientôt disparu de la surface du globe. Plus savante et plus expérimentée, plus calculatrice et moins dépensière, la France de ce siècle ne serait jamais tombée sous le joug de l'usurier juif.

IX

RÉACTION DE LA SOCIÉTÉ ARYENNE CONTRE LA SOCIÉTÉ SÉMITIQUE

Le refoulement du Sémitisme exige dans la société aryenne des forces supérieures, et ces forces n'agissent d'une manière efficace que lorsqu'elles ont atteint un développement extrême.

1° Il lui faut une haute clairvoyance.

Le génie sémitique a été constitué par la nature pour tromper et surprendre. Imprévoyance, irréflexion, inexpérience, inattention, il devine et utilise en un clin d'œil toutes les lacunes de l'esprit. Il a l'intuition des faiblesses du cœur et des sens. Il sait à fond les étourderies de la présomption et de la crédulité, les abandons de la vanité séduite, les témérités de l'amour-propre, les négligences de la paresse, les confidences insensées de l'amour, les exagérations de la sensibilité et de la délicatesse, les naïves espérances de la cupidité éblouie par le mirage de la fortune. Il sait que la vigilance la plus active et la pénétration la plus sagace ont leurs intermittences, et qu'il suffit d'en tirer parti pour leur faire perdre le bénéfice de longues années de travail et d'efforts.

Le célèbre Annibal possédait au plus rare degré ce génie. L'historien grec Polybe, après avoir fait une peinture magistrale de ces aptitudes du grand Sémite, ajoute :

« Si l'on pouvait connaitre les faiblesses d'autrui, et qu'en attaquant ses ennemis on prit leur chef par l'endroit qui prète le plus à la surprise, en peu de temps on subjuguerait toute la terre (1). »

(1) *Histoire générale de la République romaine.* (L. III, ch. xvii.)

C'est bien là le principe du Sémitisme : découvrir les interstices de la cuirasse et y enfoncer l'hameçon ou le poignard !

Le problème qui s'impose à la clairvoyance aryenne en face de la ruse sémitique peut donc se formuler ainsi : la traiter comme elle traite l'ignorance et la confiance aryennes, la sonder en tous sens, en scruter les impulsions les plus secrètes, les dessous les plus cachés, les préparations les plus invisibles, et voir toutes ces choses avec une subtilité et une acuité de tous les instants.

Tant que l'Aryen ne s'est pas exercé à lire dans le cerveau sémitique, à entendre ce qui s'y passe, il n'est pas encore dressé à cette tâche difficile. Eût-il beaucoup appris, sa clairvoyance fût-elle déjà profonde, elle est incomplète et inefficace si elle ne voit pas tout et à l'instant même.

Par degrés et à mesure que l'Aryen s'éclairera, l'espace, d'abord très vaste, qu'occupait la ruse sémitique se restreindra. Dès procédés trop semblables, des mensonges stéréotypés, des pièges d'un mécanisme uniforme devront quitter la scène. Sans doute la ruse sémitique restera longtemps indomptable; les premières défaites surexciteront son esprit d'invention. Mais l'intelligence aryenne, ayant commencé à pénétrer son adversaire et pris confiance dans sa méthode, continuera son étude avec une fermeté imperturbable. Chaque incident enrichira le trésor de son expérience, chaque difficulté imprévue éveillera en elle une prudence divinatoire, chaque stratagème d'une perfection diabolique lui fournira l'occasion d'une victoire nouvelle.

Le jour viendra, enfin, où cette tromperie sémitique, si féconde, si habile à se dérober à travers mille changements, si insaisissable au fond de son labyrinthe, ne lui paraîtra plus un mystère, et l'énigme indéchiffrable se lira couramment. Alors l'Aryen comparera ses terreurs premières et ses jugements lumineux; il verra de quelle ignorance il est sorti et devant quels artifices il a tremblé. Et sa clairvoyance sera pleine de colère, car elle embrassera des mondes d'astuce et elle plongera dans des abîmes de perfidie.

* * *

2° Il lui faut une immense énergie.

A la ruse, à la science subtile des informations, à l'art des manœuvres obliques et des pièges inextricables, le Sémitisme joint une audace et une capacité d'action qui tiennent du phénomène. Il faut lui opposer les mêmes forces constituées à un degré transcendant. Le Sémitisme a le don d'agir avec une vitesse extraordinaire; il faut apprendre à agir avec une vitesse plus extrême encore. Il est infatigable; il faut l'être plus que lui. Il sait frapper avec une adroite violence; il faut lui administrer à propos des coups de foudre. Il vomit la haine et la colère; il faut le submerger dans les flots d'une colère brûlante.

4

Contre un tel ennemi, l'énergie aryenne ne doit s'accorder ni trêve ni repos. La défaite, au lieu de l'abattre, doit redoubler son ardeur, et la victoire l'exciter davantage. Le Marcellus de la seconde guerre punique, le héros sublime de la grande lutte de la Rome antique contre le Sémitisme dominateur du monde, doit lui servir de modèle; il lui faut les ressorts de fer, l'intrépidité, le génie d'audace de l'immortel Romain.

A mesure que l'énergie aryenne se donnera cette formidable éducation, elle remarquera avec surprise les lacunes de l'énergie sémitique, la mollesse qui réclame ses droits, l'appétit du bien-être, les raffinements du luxe, les jouissances sensuelles ou vaniteuses de la polygamie (1), qui se préparent à l'énerver. Et

(1) A Capoue, comme on le voit dans Tite Live (livre XXIII, 18), la plupart des Sémites carthaginois s'étaient encombrés de maîtresses, *plerique scortis impliciti*.

Dans ces dernières années, tel grand banquier

alors, grandissant de tout ce que perd le Sémitisme, elle poussera à pas accélérés son œuvre
de refoulement, jusqu'au jour où elle forcera
le Sémitisme vaincu à abandonner le terrain.
et, comme Annibal, expulsé d'Italie, à se rem-
barquer, le désespoir dans l'âme.

israélite, vieux et décrépit, a étalé sa polygamie
dans les promenades publiques d'une ville d'eaux,
avec une insolence royale. L'Allemagne comprendra.

X

LES FORCES MORALES

3° La civilisation aryenne ne peut résister à l'invasion sémitique qu'en reconstituant les idées morales.

Une erreur des plus graves, déjà signalée, de la société aryenne en face du Sémitisme, consiste à vouloir l'imiter et à s'écarter plus ou moins des idées morales qui lui servent de base. Elle ne les perd pas sans doute, mais ces idées deviennent indécises et flottantes; les notions du bien et du mal ne sont plus séparées par un abîme et semblent, jusqu'à un certain point, se réconcilier; la richesse mal acquise

4.

ne cause plus ni horreur ni honte ; la corruption prend des ailes ; la fraude voit la foule se prosterner devant les palais qu'elle s'est bâtis. Tromper et jouir, il n'y a plus d'autre idéal.

Dans une telle société, le Sémitisme s'étale à son droit. D'une part, son habileté victorieuse y est admirée ; et, d'autre part, les caractères amollis ne lui opposent aucune résistance. Quelques hommes voudront peut-être se soustraire à l'affaissement général. Sur les uns, le Sémitisme fera agir son or ; sur les autres, la calomnie ; et nombre d'entre eux aussi seront exposés à retomber, las de leurs efforts et découragés, dans le courant des jouissances et des profits vulgaires.

Reconstruire sur des bases inébranlables les idées morales est donc une condition première de la lutte. Le Sémitisme est l'esprit de mensonge ; la société aryenne en aura horreur et punira d'un mépris implacable tout outrage à la vérité. Le Sémitisme a la passion de la fraude, c'est par elle qu'il vit et grandit ; la société aryenne fera de la probité le fondement de l'édifice moral. Le Sémitisme n'a que du dédain pour les grandes vertus, il ne comprend pas plus l'intégrité que l'abnégation, il lui faut des âmes corruptibles et une justice élastique; la société aryenne entourera les grandes vertus d'un respect inviolable et obligera même ceux qui les haïssent à leur rendre hommage.

XI

LES GRANDS HOMMES

4° Il faut à la société aryenne de grands hommes pour la diriger.

Constituée pour réaliser un haut idéal, la société aryenne ne peut rien sans grands hommes. Et ce besoin de toutes les époques lui devient plus impérieux encore dans sa lutte contre le Sémitisme. Alors, il lui faut des intelligences d'une clarté merveilleuse, des volontés opiniâtres, des hommes, en un mot, qui propagent autour d'eux la force et la lumière, renouent la chaîne de la tradition aryenne, brisée par le Sémitisme, et rendent au génie aryen, entamé et ébranlé, la résolution et la foi en lui-même.

Mais, pour créer de grands hommes, il faut que le génie aryen puise dans ce qu'il a de plus intime et de plus profond : car le grand homme aryen est l'expression vivante du génie aryen, il le personnifie, il en fait éclater la grandeur et la beauté morale, aussi bien que les fourbes éblouissants du Sémitisme en incarnent le génie d'imposture.

La difficulté pour la société aryenne, subjuguée par le Sémitisme, de produire de grands hommes, est immense, et cela par une raison fort simple : la société aryenne ne se connait plus ; elle tourne le dos, sans s'en douter, à son propre génie. Dès lors, ceux qui le représentent d'une manière puissante, qui en sont la personnification énergique, ne peuvent l'attirer. Elle les fuit, les déteste, les humilie à plaisir : elle se fait une joie cruelle de les ignorer ou de les reléguer au troisième ou quatrième plan. Si elle les honorait, si elle

consentait à se laisser diriger par eux. L'Idole
sémitique, qui règne sur elle, serait furieuse ;
car elle se défie, cette Idole, de tout ce qui
n'est pas elle, ou ne porte pas sa marque.

Le jour vient cependant où la société aryenne
se retrouve. Elle ne s'y résout qu'après avoir
beaucoup souffert ; que de fois a retenti ce
cri : « Il n'y a point d'hommes ! » Mais
toutes les erreurs ont leurs limites et leurs
remèdes. La société aryenne, arrachée aux
prestiges sémitiques, rend enfin hommage au
génie aryen qui a terrassé son ennemi ; elle
proclame la royauté intellectuelle d'Œdipe,
lorsque, l'ayant délivrée des séductions et
des griffes du Sphinx, il lui en apporte la dépouille (1).

Cette délivrance inaugure pour la société
aryenne une ère nouvelle. Elle se sent renaître
et voit s'ouvrir devant elle des destinées glo-

(1) Le mythe d'Œdipe et du Sphinx représente la
lutte de la science aryenne contre la science sémitique.

rieuses. Elle se rappelle les phases de la terrible lutte, et ses angoisses, et la honte qui l'accablait ; car toute société aryenne dominée par le Sémitisme et tout Aryen qui lui a livré son âme éprouvent une honte intime. Le génie aryen peut bien, pendant un temps donné, se laisser obscurcir par la fumée sortie de la géhenne sémitique; mais, comme le soleil, il ne s'éteint jamais, et sa lumière va porter le trouble jusqu'au fond des consciences les plus endormies.

LIVRE DEUXIÈME

———

LES JOURNALISTES ISRAÉLITES

LES JOURNALISTES ISRAÉLITES

XII

LE JOURNALISME ISRAÉLITE

A chaque époque, le Sémitisme excelle à se construire des machines de guerre appropriées aux circonstances et aux conditions de la lutte ; et ces machines, organisées pour briser et détruire, répandent autour de lui la soumission et la terreur.

Le journal tient la tête parmi les engins modernes ; et il est un des mieux adaptés aux aptitudes sémitiques.

L'affinité de l'Israélite pour le journal n'a échappé à personne. Il saisit et lit la gazette avec ardeur, en emmagasine les nouvelles dans sa mémoire, se passionne pour les incidents les plus futiles, éclate de colère sur la foi des conjectures les plus hasardées, prophétise les guerres et les révolutions, disloque les alliances. précipite les nations les unes contre les autres, bouleverse la carte d'Europe... en un mot, dans tout politicien israélite il y a un journaliste, non dans le sens sérieux, mais maladif et exagéré du mot.

Cette affinité, fondée sur l'instinct, est très révélatrice. Le Juif sait que dans ses mains le journal deviendra une puissance, qu'il lui permettra d'influer sur la société, de la manier à sa guise et de l'amener à un état singulier, où, n'ayant d'opinions et de sentiments que ceux qu'il lui dicte, ne croyant que ce qu'il veut qu'elle croie, admirant ce qu'il veut qu'elle admire, ou méprisant ce qu'il veut qu'elle méprise, elle tombera devant lui dans la passiveté et l'automatisme d'une somnambule devant son magnétiseur.

Admirable est la Nature, qui, en dotant l'Israélite de cet instinct, lui a donné tout ce qu'il fallait pour s'en servir.

En effet, toutes les industries du journal lui semblent d'emblée familières : il sait ramasser les capitaux nécessaires, le lancer, l'exploiter, attirer le lecteur, piquer sa curiosité, faire prospérer l'annonce, obtenir la protection d'hommes influents. accrocher les subventions, utiliser les courants de l'opinion et jeter des aliments à ses caprices les plus malsains; il sait se faire corrompre et garder en même temps certains dehors d'indépendance; il sait alternativement démolir et vanter; on le redoute et on le paye. Ami coûteux, ennemi incommode, voilà sa devise.

Le style même de l'Israélite s'adapte à merveille au journal. Dédains outrés, sarcasmes emphatiques, injures amères, cris de triomphe, affirmations superbes, révélations à grand orchestre, inventions audacieuses, tous ses travers, sa rage de personnalités, sa verve

grimacière, son insolence de femme hystérique,
donnent à ce qu'il écrit une saveur endiablée,
un éclat bouffon, et, il faut le dire, une vertu
communicative et entraînante. La laideur ne
s'en voit pas au premier coup d'œil, et bien des
hommes lisent avec délices ce qui peut-être
un jour leur paraîtra insupportable et hideux.

L'aspect que le journal israélite imprime à
la politique est fort particulier. Sous la plume
juive, la politique, tombée dans un état chronique d'éréthisme nerveux, semble ne se gouverner que par des coups de fouet impulsifs.
Inégale comme une convulsive, la presse
israélite ne se repose d'une crise que pour se
préparer à une autre. Et quelles crises ! Quelle
agitation ! Quels nuages noirs à l'horizon ! On
croirait que le monde va s'écrouler ou qu'un
volcan va s'ouvrir. Le lendemain, il n'y paraît
plus ; la presse israélite, radieuse, proclame
que jamais la paix n'a été plus assurée ; et les
sots, que ces démonstrations d'effroi avaient
impressionnés, regardent avec ravissement les

nuages qui se dissipent et la tempête qui s'éloigne.

La presse israélite joue ainsi, dans le monde de la crédulité humaine, le rôle d'une magicienne qui change le temps à volonté, fait gronder le tonnerre quand il lui plait, ou lu commande de se taire.

A certains moments, en temps de révolution ou de guerre, son tapage se transforme en un sabbat tumultueux ; c'est alors une éruption qui déborde. La campagne de la presse israélite allemande contre la France, en 1870-71, en offre un remarquable exemple. Quel ouragan de projectiles cette presse a vomi sur la France ! Qui racontera ses outrages et ses calomnies ? La France eût été une prostituée immonde, qu'elle n'eût pas été accablée de plus de mépris.

Du reste, la psychologie de la presse israélite peut se faire en trois mots : haine, mensonge et névrose. Ses pratiques sont celles de la tromperie, et ses arts, ceux du mal. Elle ruine et désagrège la raison publique ; elle détruit les sentiments d'impartialité et de justice ; elle enseigne à traiter de haut en bas les hommes les plus respectables, s'ils sont des adversaires (1) ; elle chasse des intelligences la

(1) La question de savoir si la célèbre guerre de Troie avait lieu entre Aryens, ou bien entre Aryens d'un côté et Sémites de l'autre, pourrait, à la rigueur, être tranchée par cette seule considération, que chaque peuple respectait les morts de son ennemi. Si les Troyens eussent été des Sémites, ils eussent outragé et mutilé les cadavres grecs, et les Grecs, par représailles, eussent fini par en faire autant des cadavres troyens.

Homère paraît, du reste, avoir bien connu la perfidie sémitique, qui avait laissé dans la Grèce primitive de très mauvais souvenirs. Un passage de l'*Odyssée*, où est racontée la fraude d'un Sémite phénicien, est fort instructif à cet égard.

Voici ce passage :

« ... Mais vers la huitième année, arriva un homme de la *Phoïnikié* (Phénicie), plein de mensonges, et qui avait déjà causé beaucoup de maux aux hommes. Et il me persuada par ses mensonges d'aller en *Phoïnikié*, où étaient sa demeure et ses

pensée et la remplace par des bouffées violentes et des excitations maniaques ; enfin,
en toutes choses, e le agite, énerve, envenime,
trouble, dérègle.

Bien plus, elle propage une maladie carac--

biens. Et je restai là une année entière auprès de
lui. Et quand les jours et les mois se furent écoulés,
et que l'année étant accomplie, les saisons revin-
rent, il me fit monter sur une nef, sous prétexte
d'aller avec lui conduire un chargement en *Libyè*,
mais pour me vendre et retirer de moi un grand
prix. Et je le suivis, le soupçonnant, mais contraint. Et la nef, poussée par le souffle propice de
Boréas, approchait de la *Krètè*, quand *Zeus* (Jupi-
ter) médita notre ruine. Et déjà nous avions laissé
la *Krètè*, et rien n'apparaissait plus que l'Ouranos
et la mer. Alors le *Kronion* suspendit une nuée
noire sur la nef creuse, et sous cette nuée toute la
mer devint noire aussi. Et *Zeus* tonna, et il lança
la foudre sur la nef, qui se renversa, frappée par la
foudre de *Zeus*, et se remplit de fumée. Et tous
les hommes furent précipités de la nef, et ils étaient
emportés, comme des oiseaux de mer, par les flots,
autour de la nef noire, et un dieu leur refusa le
retour. » (Homère, *Odyssée*, rhapsodie XIV, trad.
de Leconte de Lisle, p. 214, 215.)

téristique d'Israël, la dépendance suggestive. Soumis pendant un certain nombre d'années à l'action de la presse israélite, les hommes ne s'appartiennent plus; toutes leurs idées leur viennent de la gazette juive : sympathies, antipathies, admirations, illusions, elle les approvisionne à son gré, et tout ce qu'elle lance dans leur cerveau est accepté avec une promptitude imbécile et une foi aveugle.

Les hommes tombés dans cet état n'ont, en général, aucune conscience de l'avilissement de leur raison. Y trouvent-ils quelque charme? On le croirait, car il est aussi difficile de les en arracher que de guérir un morphinomane de sa passion.

XIII

PRINCIPES ET MÉTHODES DU JOURNALISME ISRAÉLITE

Les méthodes au moyen desquelles la presse israélite établit son influence demandent une analyse spéciale. On peut les ramener à deux groupes principaux :

1° Le principe par excellence de la presse israélite est de diviser.

Exciter les haines, réveiller les ressentiments, souffler le feu sur les animosités, répandre les interprétations perfides et les insinuations empoisonnées, exagérer le vrai, le corrompre par le faux, l'envenimer par l'ironie, et, par ces artifices, tenir les hommes dans un état aigu de défiance et d'hostilité, travaillés par le soupçon, séparés par l'outrage, prêts à se jeter les uns sur les autres : telle est sa tactique fondamentale.

Cela est vrai, aussi bien lorsqu'elle s'adresse aux nations qu'aux partis. En toute chose, l'esprit de division, le contraire même de l'esprit de charité, anime cette presse ; et elle ne fait que suivre les vieilles traditions du Sémitisme. Droysen, dans son *Histoire de l'Hellénisme*, a fort bien expliqué comment les Sémites carthaginois pratiquaient cette méthode à l'égard des républiques et des royautés grecques de la Sicile (1). Aujourd'hui, en

(1) « Si le droit, dit le célèbre historien Droysen, régnait à Rome, les intérêts matériels dominaient à Carthage; ils y réglaient la constitution, les traités de commerce et tous les actes de la vie politique. La riche civilisation des Sémites, qui, en Orient, était déjà depuis des siècles affaiblie et éteinte sous la pression des conquêtes étrang res, avait retrouvé à Carthage une vitalité nouvelle. Une industrie incroyablement avancée, un soin extrême

France, en Allemagne, en Italie, la presse israélite n'agit pas autrement. Le but est clair : diviser pour régner. Plus les hommes se déchire-
ront, plus l'Israélitisme étendra de tous côtés
son empire.

D'ailleurs, les dissensions intestines et les

et les méthodes les plus rationnelles appliquées à
la culture du sol et à l'élève des bestiaux, une activité répandue dans toutes les classes, un trafic considérable avec l'intérieur de l'Afrique comme avec
les côtes occidentales de la Méditerranée et celles
de ce côté-ci de l'Océan : telles étaient les bases
matérielles de cet État. Il avait à sa tête une aristocratie de riches marchands qui appliquaient au
gouvernement la politique bien comprise des intérêts matériels. Il s'agissait d'étendre le plus possible
la sphère du commerce carthaginois, d'étouffer toute
concurrence sérieuse, avant tout d'empêcher une
puissance maritime et commerciale de se former
dans les parages de l'Occident. Pour arriver à ces
fins, l'État ne reculait ni devant les plus grands
sacrifices matériels, ni devant les entreprises militaires les plus audacieuses. . . . .
. . . .

« Nulle part, ce caractère de la politique cartha-

guerres lui profitent et l'engraissent. Les emprunts, les spéculations de toute nature, les râfles de Bourse comme les achats de butin, viennent lui apporter l'or à flots. Tout un pays est dévasté et appauvri pendant de longues années. Mais qu'importe! le banquier israélite

ginoise ne se montre plus clairement que dans ses rapports avec la Sicile. On peut assurer qu'elle n'intervint jamais dans l'île lorsque la race grecque y était affaiblie, mais qu'elle intervint toujours lorsqu'elle se relevait, et surtout lorsqu'elle menaçait de s'unifier. La nature des choses excluait le commerce carthaginois des parages orientaux et des ports de la Grèce : la possession des ports qui faisaient le commerce avec ces régions n'avait donc pour lui presque aucune importance; aussi les Carthaginois n'avaient-ils pas intérêt à subjuguer l'île entière, sans compter qu'il leur était difficile, avec les seules ressources d'un État commerçant, de soumettre un peuple libre, très cultivé, et qui avait les passions politiques très vives. Il leur importait seulement d'empêcher l'union des divers États. » (J.-G. Droysen, *Histoire de l'Hellénisme*. Trad. française de **M**. Bouché-Leclercq. T. III, p. 283-284.)

a gagné des millions et le fripier israélite s'est fait une petite fortune.

La presse israélite obéit donc à une loi historique lorsqu'elle sème la division. Cette tendance intime lui donne, pour ainsi dire, à tout moment son odeur et sa couleur. Il ne faut lui demander ni opinions généreuses, ni jugements calmes, ni appréciations équitables; toujours elle fait appel à quelque sentiment mauvais, toujours elle pousse les hommes à se haïr ou à se mépriser.

En vain elle voudrait se déguiser, feindre la raison modératrice, jouer la sagesse conciliante; elle n'y parviendrait pas; sous ces dehors composés, les stigmates indélébiles de sa perversité reparaîtraient à chaque instant.

Mais quelle habileté dans l'accomplissement de cette mission de discorde! Comme elle sait irriter un orgueil maladif, raviver une blessure, attiser une haine, éterniser une querelle! Comme elle sait finement atteindre par les coups d'aiguille les susceptibilités secrètes, ou stimuler la passion paresseuse ! Comme elle sait, en répétant mille fois la même chose, en obsédant le lecteur d'un même thème haineux, le faire pénétrer dans son esprit de telle manière qu'il n'en sorte plus. Et, dans la calomnie ou le sarcasme, quelle véhémence impérieuse, quel accent dramatique et saisissant ! Ce sont des flèches qui traversent l'espace, de petites balles coniques auxquelles la cuirasse du bon sens ordinaire ne résiste pas.

*
* *

2° La presse israélite fait usage d'une autre méthode, non moins dangereuse. Elle a pour système de toujours flatter les illusions nationales.

Non seulement elle s'entend à les caresser ; elle sait les faire naître ; elle devine le besoin de se livrer à des admirations excessives ou à des espérances aveugles, de prendre pour des génies extraordinaires des personnages qui sont à peine la moitié d'un grand homme ou n'en sont même que la façade, ou encore de croire à des appuis imaginaires, à des alliances fantastiques, sur la foi desquelles les hasards d'une guerre terrible pourraient être affrontés.

Elle excelle à transformer ces illusions naissantes ou latentes en croyance publique et à les débarrasser de restrictions sages. Empruntant la voix du patriotisme, elle organise l'égarement; on croirait, à son langage, qu'elle porte en elle l'âme de la nation et palpite de sa vie. Il est facile d'apercevoir les conséquences. Qu'on suppose un peuple d'une imagination excitable, absolu dans ses enthousiasmes, répugnant à tout examen froid et sévère des choses. Avec un tel peuple, la presse israélite aura beau jeu. A force de lui parler de son prestige et de s'extasier sur ses ressources infinies, elle lui inculquera la manie des grandeurs, elle le lancera dans les dépenses ruineuses et les expéditions folles. Et ce peuple crédule se figurera qu'il refait sa puissance et répare ses pertes, alors qu'il creuse le gouffre de sa dette et se prépare pour l'avenir des embarras incalculables !

Il est vrai que le Sémitisme y trouve son compte. Ce n'est jamais sans un intérêt précis qu'il propage une illusion ou surfait un personnage. Hélas ! il n'y réussit que trop ; les exemples seraient douloureux à rappeler, et la série n'en est peut-être pas encore fermée.

S'il plaisait au Sémitisme de persuader à la France qu'un Français célébré par elle peut tout ce qu'il veut et que ce Français va, en quelques années, construire un pont suspendu de Calais à Douvres ou un tunnel sous-marin de Marseille à Alger, la France entière y ajouterait foi, et l'épargne française irait se perdre dans la Manche ou la Méditerranée..... non, dans les coffres-forts des banquiers juifs, où elle affluerait sous forme de primes et de riches commissions.

XIV

PORTRAIT DU JOURNALISTE ISRAÉLITE

Le journalisme juif présente une grande variété de types : l'échelle en est vaste ; à l'extrémité supérieure, se place le directeur, qui a libre accès auprès des hommes d'État et auquel on ne parle pas sans lui avoir demandé une audience ; à l'autre extrémité, le petit articlier, qui ramasse les faits divers ou bâcle le bulletin de la Bourse. Ces êtres appartiennent toutefois à une même faune et se rattachent les uns aux autres par des traits nombreux. Les différences qui les séparent ne sont, au fond, que les aspects d'un même caractère, des manifestations diversifiées d'une même nature. Entre l'orgueil de l'un et les grâces serviles de l'autre règne une double chaîne ascendante et descendante; la fortune et l'influence donneraient bien vite au mince articlier les grands airs de son directeur, et celui-ci, ruiné, retournerait promptement à ses manières câlines d'autrefois.

Dans leur ensemble, les journalistes juifs se caractérisent par un mélange indescriptible d'esprit, de vanité et de charlatanisme; ils ont volontiers d'eux-mêmes une haute opinion et leurs allures fébriles sont celles de comédiens en scène, qui veulent à tout prix attirer l'attention. Ils soignent la mimique. Apportent-ils une mauvaise nouvelle? Ils en sont accablés et la consternation se peint sur leur visage. Une complication diplomatique vient-elle de se dénouer? Ils arrivent rayonnants de joie, comme s'ils éprouvaient un soulagement inexprimable. Un adversaire a-t-il démoli quelque article à grande sensation sorti de leur plume? La colère gronde, les yeux gonflés

roulent dans leurs orbites et les gros mots de
« canaille » et de « crapule » se succèdent
comme des coups de tonnerre. Leur travail
même a quelque chose de précipité et d'anxieux
qui n'est jamais exempt de poserie ; on dirait
que la paix ou la guerre dépendent de leur
griffonnage.

Jusqu'à quel point se prennent-ils au sérieux ? Le plus subtil analyste renoncerait à
le rechercher : car, chez eux, la folie vaniteuse
et l'esprit de mensonge marchent tellement de
pair, sont si intimement associés, que toute sé-
paration en serait à peu près impossible. Un
même fait les renferme dans des proportions
indiscernables. Comment distinguer, dans le
gazetier israélite qui raconte un interview ima-
ginaire, où finit l'halluciné, où commence le
fourbe ? Il entre dans tant de détails, il décrit
si minutieusement la réception qui lui a été
faite, il prête au grand personnage des paroles
si précises, il contrefait si bien sa voix et son
geste, il s'attribue si habilement à lui-même

un rôle important ! La vanité folle a certainement sa part dans ce petit poème ; mais la
ruse proprement dite y a aussi la sienne. Le
conte bleu ira déployer ses ailes dans les
colonnes du journal et fera peut-être du bruit
pendant deux ou trois jours. Le démenti l'attend ; le spirituel effronté en sera quitte pour
maintenir l'exactitude de son récit et l'enrichir
au besoin de nouvelles particularités.

Les journalistes israélites brillent par le
savoir-faire. Pour eux le journal est le contraire d'une école de la raison publique. Mais,
vivant dans le faux, ils s'attachent à simuler
la vraie science. On les voit étaler une érudi-
tion politique à perte de vue ; ils connaissent
les noms et les origines de tous les hommes
politiques de tous les pays du monde ; ils sont
au fait de tous les partis et de tous les mouvements de l'opinion ; ils sont initiés aux secrets
de tous les cabinets du globe ; rien enfin n'é-
chappe à l'infaillibilité de leurs informations
et à leur aplomb universel. Ne les contredisez

pas ; ils vous lanceraient les noms et les chiffres
à la figure avec la dextérité d'Arlequin et la
précision d'un Almanach de Gotha parlé. Mais
gardez-vous de vérifier ; vous auriez peut-être
honte de vous être laissé aplatir par un mystificateur qui a improvisé des noms et des
chiffres.

Quel que soit leur rang, les journalistes
israélites sont, en général, travaillés par une
idée étrange : ils se considèrent comme appelés
à tout diriger. L'Humanité leur doit foi et
hommage, et tout pouvoir qui n'est pas agréé
par leur presse leur paraît déjà criminel. C'est
là peut-être ce qui explique la violence de
leurs attaques. Leur résister, ne pas leur demander l'investiture, c'est faire outrage à un
droit souverain, et cet outrage, ils ne le pardonnent pas. Aussi, quand ils détestent un
homme, n'ayant pu le dominer ou le circonvenir, ils font pleuvoir sur lui une grêle de
calomnies et d'injures ; ils le couvrent de me-
naces et appellent la malédiction sur sa tête ;

jamais bombardement acharné, jamais mitraille terrible n'a approché les fureurs de l'encre israélite. Tous les animaux de la mythologie diabolique, depuis le dragon à la gueule enflammée jusqu'au scorpion au dard venimeux, y sont repré-entés.

Cette prétention de tout diriger prend souvent une forme plus aimable. Maint journaliste israélite raconte avec un parfait naturel qu'il a été le conseiller intime de tel grand homme d'État européen et l'inspirateur de sa politique. Ce'ui-ci n'a rien fait sans le consulter, et l'unité de l'Allemagne ou le dualisme austro-hongrois ont été le fruit de ses inspirations. S'il a fait, en 1876, le voyage de Constantinople, il ne manque pas de s'attribuer le détrônement du sultan Abdul-Aziz ou le renversement de quelque grand vizir. On est libre de croire ou de sourire.

Les journalistes israélites ne se piquent pas trop d'être conséquents avec eux-mêmes. La logique est bonne pour les Aryens; mais des

êtres supérieurs planent au-dessus de ces nécessités vulgaires. Ils changent d'autel avec une
désinvolture admirable ; la chose se fait rapidement, sans fausse pudeur, sans transitions
inutiles. Le temps de recevoir et d'encaisser
un gros ou un petit chèque, et tout est dit.

Ils excellent aussi dans le retapage et le tru-
cage ; mais il y a une grande différence entre
l'antiquaire juif et le gazetier juif : l'un vend
souvent du neuf pour du vieux ; l'autre, au
contraire, vend du vieux pour du neuf.

XV

RÉFLEXIONS ESSENTIELLES

Comment soustraire les hommes à l'influence de la presse juive ? Nul problème n'est peut-être plus difficile à résoudre. Ceux qui subissent cette influence ont tous plus ou moins conscience de leur faiblesse ; chez tous on observe une réaction secrète de leur raison ; mais bien peu ont la force de secouer le joug. D'ailleurs, les élans de courage ne suffisent pas pour y parvenir ; il faut surtout, ce qui n'est pas donné à tous, apprendre à lire dans les ténèbres de la malice humaine. Quelques réflexions à ce sujet ne seront pas inutiles.

1° L'action de la presse israélite sur la société aryenne est celle d'une intelligence inférieure, mais ardente et mobile, sur l'intelligence supérieure qui fléchit et ne se défend pas. Celle-ci obéit à l attraction de l'autre ; elle consent à quitter sa sphère propre et à rétrograder.

C'est bien, en effet, une rétrogradation qui s'opère. L'intelligence aryenne ne peut pas se laisser dominer par l'esprit sémitique sans déchoir. Il y a plus : la lutte de l'intelligence aryenne et l'esprit sémitique ne comporte pas de milieu. Ou bien l'intelligence aryenne, inébranlable, s'affirme plus énergiquement à elle-même, conçoit mieux sa richesse et sa grandeur natives, et alors elle refoule et repousse l'esprit sémitique. Ou bien elle cède et s'abandonne. Alors, coupable de s'être trahie, elle est vouée au plus honteux des châtiments : le Sémitisme la maîtrise et la dirige.

Pourquoi l'un est-il si facile et l'autre si difficile ? Pour résoudre la question, il suffirait de la poser ainsi : Pourquoi est-il si difficile de monter et si facile de descendre ?

Dans l'ordre intellectuel surtout, s'appauvrir est chose aisée ; comprendre qu'on s'appauvrit est une réflexion difficile à faire sur soi-même. Lorsque la nervosité sémitique a envahi les intelligences et les a habituées à vivre d'une vie artificielle, toute de loquacité et de mensonge, il faut presque renoncer à leur démontrer qu'elles sont tombées dans un état malsain. Cet état a son attrait, son enivrement même ; en sortît-on momentanément, on y retombe avec délices. Insensiblement les forces vitales de la pensée s'usent, le jugement s'affaisse, le sens de la vérité meurt ; on recherche, on adore, on acclame le faux et les prêtres du faux ; on est alors devenu l'esclave parfait du Sémitisme.

****

2° En politique comme ailleurs, les Israélites ont à leur disposition des supercheries d'un

6.

effet incroyable sur les ignorants. Pourquoi le bruit absurde propagé de la bouche d'un Israélite trouve-t-il tant d'oreilles crédules? Pourquoi la calomnie la plus grossière, l'anecdote la plus suspecte, lancées par eux, vont-elles se graver au fond des esprits, se fixer dans les mémoires, de telle sorte qu'on a de la peine à les en déraciner?

Il n'y a rien là de si mystérieux et il suffit d'écouter. Les Israélites cultivent avec soin les effets de voix ; ils savent débiter leurs clichés d'une manière impressive, ils y mettent du mordant de théâtre. Ce mordant, qui acère l'ironie et affile le mensonge, attaque les intelligences molles ; elles se laissent pénétrer et consentent à croire ce que l'Israélite leur suggère.

Ceux qui veulent résister au Sémitisme ne sauraient trop s'attacher à observer ces effets de voix, à en démêler la préparation, à en démonter le mécanisme. Qu'ils apportent dans cette scrutation des arcanes du Sémitisme une froide et longue perspicacité; ils en seront récompensés, et ces trucs si dangereux leur paraîtront un jour tels qu'ils sont, à savoir des grimaces de la parole et d'abominables singeries.

La presse israélite use de procédés semblables. Qui voudra la bien comprendre n'a qu'à lui donner en imagination la voix et la physionomie; il la verra vivante et l'entendra parler: ici, le mensonge audacieux lancé avec les airs d'un prophète qui apercevrait une lumière subite; là, le sarcasme venimeux s'allongeant en une traînerie stridente; ailleurs, la petite histoire mimée avec des détails d'une précision fabuleuse.

Et de même que l'Israélite dans sa conversation, la presse israélite a la passion du cliché; elle ressasse une idée burlesque, comme si cette idée jouissait d'une éternelle jeunesse; elle répète des milliers de fois le même mot drolatique, comme si ce n'était pas trop de l'avoir employé une seule fois. Elle a aussi des impertinences adorables; elle parle volontiers d'un homme comme M. Gladstone ou de M. de Giers, de la même manière qu'à la Bourse on parlerait d'un remisier équivoque. Ces jolies insolences sont une des fleurs de la presse israélite.

*
* *

3° On n'est vraiment soustrait à l'influence de la presse israélite que lorsqu'on éprouve pour elle un mépris indescriptible. Oui, il ne suffit pas de la connaître et de la juger. Cette connaissance est imparfaite, ce jugement est encore indécis, s'il n'est descendu dans les profondeurs de l'âme, et l'influence détestable n'est pas éliminée. S'il fallait représenter par une image l'action énergique de cette élimination, l'ardeur brûlante du mépris qui doit l'opérer, elle ne pourrait être mieux figurée que par l'application d'une chemise de soufre sur un monstre affreux. Alors l'intelligence est purifiée, elle est inaccessible à l'intoxication délétère.

LIVRE TROISIÈME

LES BANQUIERS ISRAÉLITES

LES BANQUIERS ISRAELITES

XVI

LA BANQUE ISRAÉLITE

ESQUISSE DU BANQUIER JUIF

L'or est le grand levier de la puissance israélite. Les banques juives s'élèvent dans le
monde comme des citadelles orgueilleuses, et
les grands banquiers juifs sont de véritables
souverains.

Cette souveraineté a cela d'étrange, qu'on ne
la respecte jamais. On peut être bas devant
elle, on peut trembler devant elle; mais les
consciences et les cœurs ne lui appartiennent
pas.

Chose non moins étrange! Plus on monte dans l'échelle sociale, plus cette souveraineté se révèle puissante et pesante. L'homme simple, l'ouvrier laborieux voit passer le carrosse du grand banquier juif sans en être ébloui; il se détourne même avec un mépris involontaire. Le bourgeois, au contraire, ouvre des yeux avides. Le noble, qui dépense, est plus démonstratif encore, et salue gracieusement son créancier, devenu son égal.

Enfin le monarque rend au grand banquier un salut de souverain à souverain. Le banquier a salué comme un esclave, il est vrai; mais le monarque a dit à son aide de camp : « Ils sont nos maitres (1)! »

Dans la personne du banquier juif, le contraste n'en est pas moins marqué. Souple et

(1) Voir le psaume CXLIX, versets 5, 6, 7 et 8, où il est dit que *les bien-aimés* du Dieu d'Israël feront la vengeance parmi les nations, châtieront les peuples et lieront les rois et les grands avec des chaines de fer.

cassant, caressant et injurieux, aimable jusqu'à
la séduction et insolent jusqu'à l'outrage, cal-
culateur et jouisseur, vif comme un serpent,
voluptueux comme une chatte, filou juqu'au
bout des ongles et prodigue par accès, surtout
pour ses plaisirs, le banquier juif semble au
premier abord composé d'alternatives et d'op-
positions. Mais, derrière ces apparences variées,
on entrevoit sans peine l'unité d'une même nature. L'ensemble est, au fond, très homogène.
L'orgueil est-il chez lui de la bassesse victorieuse, ou la bassesse de l'orgueil replié sur lui-
même? Peu importe, car il est bien certain que
cette bassesse et cet orgueil ne diffèrent pas
sensiblement l'un de l'autre, et qu'on peut aisément les retrouver l'un dans l'autre.

Ramené à ses éléments premiers, le banquier
juif pourrait se définir : la tromperie à l'état
de génie, savante et inspirée, audacieuse et dévorante. Cette tromperie a l'or pour but, et l'or
qu'elle ramasse est sensuel, haineux, oppres-
seur; il a soif de vengeance, non moins que de

volupté. La coupe de délices dans une main, la verge de fer (1) dans l'autre, ainsi le grand banquier israélite devrait se faire peindre.

Quelle idée les personnages de la haute Banque se font-ils d'eux-mêmes? Cette idée est tout à fait extraordinaire, olympienne, sublime. Dans leur indépendance superbe, ils voient les autres hommes à une distance incommensurable et travaillent pour eux. Malgré leur situation privilégiée, la nation où ils sont établis ne les absorbe en rien, ou plutôt ils y vivent d'une double existence : une d'emprunt et de passage, comme citoyens opulents de cette nation; l'autre vraie, passionnée, grandiose, comme princes de la Jérusalem universelle. Là est l'attache éternelle, là est le lien indestructible qui se transmettra à perpétuité. Que leurs descendants soient, comme eux,

(1) « Tu les (les nations) briseras avec un sceptre de fer; tu les mettras en pièces comme un vase d'argile. » (*Psaumes*, II, v. 9.)

des princes de Jérusalem reine du monde!
c'est l'essentiel; il importe peu, au surplus,
qu'ils soient français, anglais, allemands, amé-
ricains ou turcs.

Jamais langue humaine ne décrira l'enivrement d'orgueil que ces banquiers éprouvent en
contemplant l'univers à leurs pieds. Ils ont des
transports de mépris et des extases d'ambition.
Ils voient les rois et les peuples asservis et les
banques juives formant une immense ceinture
de forteresses à l'abri desquelles l'armée
d'Israël déploie ses bataillons triomphants.

Rien ne saurait apaiser leur soif de domination; car des siècles de haine bouillonnent dans
leur âme, car le passé est affreux et l'avenir
n'est peut-être pas rassurant.

Oui, l'avenir vient souvent passer devant
leurs yeux comme une vision sinistre. — Pourquoi as-tu subitement pâli, toi le grand arti-
san de rapines et d'escroqueries? Pourquoi
ton œil, qu'illuminent d'ordinaire les éclairs
de la fraude et les joies cruelles de la perfidie,

a-t-il pris cette expression d'anxiété? Que
vois-tu? Que te disent tes voix nocturnes? Si
elles t'annoncent des malheurs, rassemble ton
énergie, fais solide contenance ; sois menaçant,
mordant, railleur. Certes, tu en as le droit et
tu peux admirer ton œuvre; avec les débris des
malheureux que tu as ruinés et fait mourir de
désespoir, on élèverait un ossuaire énorme.
Et que crains-tu? Tu es au-dessus de la Justice
et des lois. Mais non, tu es resté pâle, ton regard ne se détache pas d'un objet lointain et
effrayant. Serait-ce le ghetto qui t'appelle?

XVII

PSYCHOLOGIE DU BANQUIER JUIF

Assurément, la conquête du monde par la Banque juive présente un spectacle éblouissant. La préparation de cet événement, sa marche envahissante, son universalité, l'énergie et les forces d'esprit qui l'ont réalisé, tout mérite l'étude et la méditation.

Comment les descendants de fripiers ou escompteurs de Francfort et autres villes d'Allemagne sont-ils devenus des grands de la terre ?

Il serait absurde et injuste de leur refuser une immense activité, servie par des facultés intellectuelles d'une acuité extrême et par des passions d'une ardeur sans égale. Sans doute, cette activité, cette acuité d'esprit, ces passions ardentes, tout est plus ou moins spécial, tout n'est en définitive que de la ruse en action. Mais, il y a là un ensemble si complet, tous les actes sont si bien combinés, si bien marqués au coin d'une conception divinatrice et d'une exécution parfaite, qu'il faut leur payer un large tribut d'admiration.

Cependant cette admiration ne doit pas être tremblante ; elle ne doit pas même aller jusqu'à l'étonnement. Le banquier israélite n'a rien de si impénétrable ; il n'est pas un problème insoluble.

En règle générale, il se rattache, sans en avoir l'éclat, à cette classe de névrosés chez lesquels les arts de la perversité sont en quelque sorte constitués dès la naissance, et que le Moyen-Age a abhorrés sous la dénomination de *magiciens.*

Chez ces êtres, la nature, décuplée par l'hérédité, a abouti à un résultat effrayant. On croirait que les génies de l'enfer ont veillé sur leur berceau. Ils offrent volontiers, en effet, le phénomène de l'inversion morale : pour eux le mal est le bien, et le bien est le mal (1). Non seulement ils pratiquent la fraude, mais ils l'adorent, et ils lui sacrifient comme à un dieu jaloux auquel ils appartiennent. Et, chez eux, le mal n'est pas un désordre, une perturbation, un accident morbide ; il est un état normal, une organisation régulière, un fondement intime ; il a les instincts et les moyens, les impulsions et les armes, les précautions merveilleuses et les élans terribles ; il a surtout la foi en lui-même, une foi exaltée, dépositaire d'un long passé de joies triomphantes et de déceptions cruelles ; il est, en un mot, une

(1)   *Fair is foul, and foul is fair.*
         (Shakespeare, *Macbeth*, acte Ier, scène i.)

La même formule se trouve dans la Bible (Isaïe, ch. v, 21). On a le droit d'en conclure que ces états de *folie morale* étaient fréquents à Jérusalem.

7.

science, une éducation, un devoir de piété envers les ancêtres, une œuvre patriotique.

Du reste, chez ces êtres, tout semble avoir été créé dans un même but, chaque élément de l'assemblage est lié aux autres comme un organe à un autre organe. L'orgueil du banquier juif et sa cupidité sont étroitement associés ; sa cupidité et sa sensualité ne sont pas moins solidaires. D'une extrémité à l'autre de son système mental, tout forme chez lui une chaîne vivante, tout est force, outil et ressort.

Là est la grande cause de sa puissance. Il constitue psychologiquement un tout harmonique et complet. Tout en lui converge vers une même fin ; s'il ne renferme rien d'inutile, il ne lui manque rien de nécessaire et on peut le ranger parmi les œuvres les plus achevées de la nature, à côté de ce qu'elle a fait de plus souple, de plus élastique et de plus dangereux.

Heureusement aussi la nature, dans sa haute prévoyance, a créé, pour lui résister, des forces lentes peut-être à se mettre en mouvement, mais impossibles à arrêter. Elle a fait plus, elle a logé en lui des causes secrètes de décadence; les dons mêmes dont elle l'a comblé viennent souvent l'aveugler et le conduire à sa perte. Au milieu de ses richesses, le banquier juif doit toujours se rappeler le Colosse à tête d'or et aux pieds d'argile, ce symbole célèbre de la fragilité des grandeurs israélites.

XVIII

PSYCHOLOGIE DU BANQUIER JUIF

LES DÉMONS. — LE DÉMON DE L'ORGUEIL

Lorsque, de l'entrée d'une caverne, on a jeté
un coup d'œil dans l'intérieur, il faut avoir le
courage d'y pénétrer et d'en examiner les habi-
tants.

L'âme du banquier israélite ressemble effec-
tivement à une caverne où se meuvent des
êtres singuliers, capricieux et violents, mali-
cieux et rusés, despotiques et colères. Dans
leur sauvagerie, ces êtres ont le pittoresque et
l'intéressant de l'animal; on retrouve en eux

les ondulations savantes du serpent, les grâces féroces du tigre et les dextérités gymnasiarques du singe.

Comment les appeler, car il faut bien leur donner un nom ? Celui de *Démons* paraît le plus propre à les représenter par une figure animée ; et il est facile d'en justifier l'emploi.

Certaines forces psychiques d'une vitalité extrême, d'une énergie inspiratrice sans interruption, semblent constituer un être dans un être ; elles sont arrivées à une telle spontanéité d'action, elles attirent tellement à elles toutes les autres facultés, elles plongent tellement dans les profondeurs de l'individu, qu'on ne saurait distinguer dans quelle mesure elles obéissent à celui qui les possède et dans quelle mesure elles le gouvernent. La vérité est que cette obéissance et cette domination ne font qu'un : celui qui a le démon à ses ordres est en même temps son esclave.

Et cette notion de *Démons* ne se recommande pas seulement par le charme poétique ; elle ne

tait pas seulement sortir une conception difficile du domaine de l'intuition abstraite, pour
lui donner un corps et la faire vivre dans l'imagination. Elle a une portée beaucoup plus
haute : elle fournit une indication précieuse
sur les difficultés du problème posé par l'invasion sémitique et montre la voie de la solu-
tion.

En effet, pour vaincre certaines forces d'une
activité redoutable, il faut leur opposer des
contre-forces constituées au même degré d'organisation, développées avec la même pléni-
tude de vie, aussi agissantes, aussi inspirées.
Tant que la lutte n'est pas encore parvenue à
les créer, l'équilibre n'est pas établi; il ne
commence à apparaître que le jour où ces
contre-forces, ayant pris conscience d'elles-
mêmes, entrent en scène, le glaive de feu à la
main. En un mot, pour vaincre les démons, il
faut l'intervention de contre-démons; il n'appartient qu'à ceux-ci de briser l'empire des
premiers et de les terrasser.

A quels démons la Banque juive doit-elle ses miracles? Le premier de tous est celui de l'orgueil, démon extravagant, insensé, chimérique même. Mais quel ressort prodigieux! Quelle idée sublime de lui-même! Quelle ardeur indomptable! Et quelles allures! Cet orgueil du banquier israélite, avec sa majesté superbe et son irritabilité frémissante, tient de la bête fauve. Il n'en est pas moins le principal architecte de Colosse; c'est lui, prophète des grandeurs, qui, en annonçant au petit usurier qu'un jour ses descendants écraseraient les peuples et marcheraient de pair avec les rois, a été l'âme de la grande œuvre; et c'est à lui avant tout qu'il doit être fait de fidèles sacrifices. Il en exige continuellement : piqûre légère, négligence calculée, outrage adroit, injures délicatement entrelacées dans une politesse, familiarité blessante, respect ironique, insolence brutale, morsure venimeuse, mépris sanglant, etc..... Vous tous qui avez fréquenté les banquiers juifs, interrogez vos souvenirs, vous reconnaîtrez que le démon de l'orgueil a réclamé un sacrifice et que ce sacrifice s'est accompli à vos dépens.

XIX

LES DÉMONS DU BANQUIER JUIF (*suite*)

LES DÉMONS DE LA CUPIDITÉ, DE LA RUSE ET DE LA VOLUPTÉ

A côté du démon de l'orgueil siège celui de la cupidité. Il siège? Non, il est rarement en repos; s'il paraît immobile, c'est qu'il guette une proie.

Comment esquisser ce monstre? La plume humaine n'y parviendra jamais. Telle est la rapidité de ses mouvements, qu'il semble être en cent lieux à la fois. Ses bras puissants remuent les blocs d'or, comme si ces blocs n'avaient point de poids, et ses doigts subtils savent en ramasser les moindres atomes.

Lui aussi a le despotisme d'un tyran et veut des sacrifices continuels, des sacrifices affreux. Jamais il n'est rassasié. Sa gueule s'entr'ouvre sans cesse pour engloutir de nouvelles victimes et il se repaît de leurs cris de désespoir.

De quel pouvoir est armé l'homme qui a un tel monstre à ses ordres! Mais aussi quelle dépendance! S'il veut lui désobéir, le démon vient pendant la nuit l'accabler de reproches, il le menace de l'abandonner; alors ce serait la ruine, la misère, la honte. Et l'impérieux démon, lui enfonçant les griffes dans les entrailles, lui dicte ses commandements terribles: « Fonde une Société..., lance un emprunt..., trompe..., usure..., filoute..., je le veux, tu m'appartiens. »

Malhour à lui surtout s'il voulait rendre ce qu'il a pris! Le démon de la cupidité admet, à la rigueur, qu'on ne prenne pas, si la chose est trop difficile ou le danger trop grand; mais

rendre ce qu'on a pris est le crime des crimes,
l'horreur des horreurs.

Selon les théologiens, les esprits de ténèbres
forment une société hiérarchique où chacun a
sa fonction. Les démons de l'orgueil et de la
cupidité ont à leur service un agent merveilleux, l'être le plus fin, le plus intelligent, le
plus inventif de l'enfer : le démon de la ruse.
Dans l'art de la tromperie, ce démon est un
prodige; il sait tout, et ceux qui ont fait pacte
avec lui savent tout comme lui. Leurs talents
n'ont pas besoin de se développer graduelle-
ment par une longue expérience; la révélation
infernale les crée au complet dès le premier
jour. Ces hommes connaissent tous les secrets
du mal en vertu d'une science innée; ils savent
d'instinct lire au fond des âmes et parler aux
mauvais penchants; ils savent même, ce qu'il
y a de plus étonnant, discerner le bien et s'en
servir.

Jamais ils n'ont besoin de tâtonner; tout ce
qu'ils conçoivent est la lucidité même, tout ce

qu'ils font et disent est d'une sûreté absolue ; c'est de l'instantané parfait. S'ils combinent un piège en un clin d'œil, ce piège est un chef-d'œuvre, celui qui y tombera n'en sortira pas. S'ils improvisent un mensonge, tout est admirable : leur promptitude d'esprit, leur audace, leurs ressources d'invention, leur accent de vérité éclatante. Ils savent se faire une voix d'oracle, d'une autorité infaillible, pour débiter la plus horrible fausseté.

Ah ! c'est que le démon de la ruse est aussi, dans sa sphère, le maître des maîtres. Et lui aussi a ses exigences ; il ordonne à ses adeptes de lui rendre tous les jours hommage sous forme de mensonges, de jolies mystifications, de calomnies ingénieuses, de tromperies imprévues, de filouteries adroites.

Vous, qui êtes si fier de l'amitié de tel banquier richissime, tâtez-vous le pouls ; ne vous a-t-il pas mystifié quelquefois ? N'a-t-il pas raconté sur vous quelques petites historiettes bien drôles ? Ne vous a-t-il pas prêté des propos bien ridicules ou des vanteries bien grossières ?

Ces trois démons ont un frère plus aimable : le démon de la volupté. Oui, ce banquier, si àpre au gain, si cruel dans ses rapines, est l'être le plus raffiné de la terre. Jamais le linge de son corps ne sera assez fin, ni la cuisine de sa table assez délicate; jamais il ne reposera sur des coussins assez moelleux; jamais la musique qui bercera ses nerfs ne sera assez suave; jamais sa maîtresse n'aura de caresses assez enivrantes (1). Le démon est là; car cette recherche des satisfactions sensuelles a, chez le banquier israélite, quelque chose de sacré et d'étrange, il s'y livre comme s'il accomplissait un devoir supérieur. Cette religion de la volupté, il aime à la répandre autour de lui; aussi il est rare que ceux qui le fré-

______

(1). *Projectissima ad libidinem gens* (race très adonnée à la volupté), dit Tacite. (*Histoire*, L. V, § 5.)

quentent échappent à la contagion ; ils deviennent, comme lui, sybarites et voluptueux.

Le banquier israélite présente ainsi, dans la splendeur de son épanouissement, cet appétit de jouissance dont la propagation, de la société sémitique dans la société aryenne, n'est pas un des moindres dangers de leur mélange. Que la société aryenne ne se laisse pas contaminer, qu'elle observe le Sémitisme dans les délices de Capoue et redouble d'énergie! L'heure de la délivrance ne tardera pas à sonner (1).

(1) Marcellus, parlant aux Romains, leur montre les Carthaginois amollis par les plaisirs :

« Ceux, dit-il, qui combattent sont énervés par les délices de Capoue, par le vin, par les courtisanes, par tout un hiver de débauches. Ils n'ont plus leur vigueur, leur énergie d'autrefois; ils ont perdu cette force de corps, ce courage qui leur ont fait franchir les Pyrénées et les Alpes. Ce ne sont plus que les débris des Carthaginois d'alors, à peine capables aujourd'hui de porter leurs armes et de se

porter eux-mêmes. » (Tite Live, L. XXIII, 45. —
Trad. Nisard. T. I⁰ʳ, p. 619.)

Ne dirait-on pas que cela a été écrit hier, en
plein Paris israélite ?

—

8

XX

GÉNIE DE MACHINATION

LES EMPRUNTS PUBLICS

Un tableau des machinations des banquiers
israélites exigerait une intelligence encyclo-
pédique. Comme Athènes, comme Rome, Jérusalem est une cité unique dans l'univers ; et,
de même que les armées romaines ont déployé
toutes les vertus et réalisé tous les prodiges de
la guerre, de même Jérusalem conquérante a
porté l'art de s'enrichir à des hauteurs extraordinaires. Elle aussi a ses hommes de génie et
ses humbles soldats, ses audacieux irrésistibles

et ses patients tenaces ; elle aussi sait poursuivre lentement son œuvre à travers les âges,
comme elle sait en quelques années accomplir
l'œuvre d'un siècle. Comme Rome, elle a ses
règles de stratégie et ses maximes, sa discipline et son héroïsme. Elle a plus d'orgueil
même que Rome et ose la braver ; et ce n'est que
le jour où Rome, outragée, la frappe et l'abat,
qu'elle reconnaît la maîtresse du monde.

Dans l'évolution de la conquête israélite, les
banquiers jouent le rôle de chefs d'armée.
L'activité de leur cerveau, leur science de
terrain, leur génie de manœuvre, leur flair des
grandes occasions, leurs résolutions hardies,
leur soin des moindres détails, leur volonté
calme qui domine les tempêtes, et leur obstination qui ramène la victoire, tout en eux, jusqu'à
une arrogance de général victorieux, justifie
cette appellation. Qu'on le sache bien ! Toute
lutte contre le Sémitisme qui n'aura pas pour
base première une étude approfondie de ses
qualités, de ses forces, de ses connaissances

spéciales, de ses habiletés, sera frappée, dès le début, d'impuissance et ne servira qu'à le faire paraître plus invincible.

Le plan de cet ouvrage ne comporte pas, en ce qui concerne les banquiers, cette étude complète. Quelques aperçus rapides aideront, peut-être, à jeter sur eux quelque lumière.

Le banquier israélite est avant tout un fascinateur émérite. S'agit-il de pousser un gouvernement à contracter un emprunt? Éloquent et persuasif, il démontrera avec une prodigieuse clarté les embarras du Gouvernement, et la facilité d'y remédier par une mesure nécessaire qui simplifiera tout. Comme il sait sourire finement aux hésitations du Ministre des Finances et réfuter ses objections avec une ironie imposante! Comme il sait surtout apporter dans la négociation une grandeur habile, faire apparaître à propos sa puissance, ses relations universelles, les syndicats prêts à s'organiser sous sa direction, le marché financier dont sa main tient tous les fils! Dans cette

exhibition discrète de son pouvoir règnent une
sécurité mystérieuse et l'autorité d'un maître.
On ne peut rien sans lui, le crédit de l'État est
dans ses mains, il fait à volonté baisser ou
monter la Rente, et toute tentative d'émettre
un emprunt, en dehors de lui, sans subir son
intermédiaire et ses conditions, serait une
pure chimère; les gros capitaux, comme la
petite épargne, ne savent plus se mouvoir que
lorsqu'il leur donne l'exemple et leur commande d'affluer dans les caisses de l'État.

Qu'ils sont coupables, ces gouvernants qui,
depuis tant d'années, ont prêté tant de fois
l'oreille aux propositions insidieuses du banquier israélite! Comme tous les vices, l'emprunt a ses séductions, ses enchantements
trompeurs, ses sophismes, ses théoriciens. Il
peut avoir sa raison d'être pour des causes
exceptionnelles; mais à l'état chronique, c'est
le désordre installé à demeure, et, dans un
temps donné, la misère et la honte. Le gaspillage l'accompagne et l'esclavage le suit; et la

dette, comme un cancer, augmente par sa propre force jusqu'à ce qu'elle ait rongé le meilleur de la substance publique.

Certes, ce banquier qui vient de se charger d'un énorme emprunt, il sait trop bien que, dans peu de temps, on frappera de nouveau à sa porte; les emprunts s'accumuleront, la chaine deviendra chaque année plus lourde et le jour viendra où la nation entière dira, la tête basse : « Il est le roi des rois ! »

XXI

LES SOCIÉTÉS FRAUDULEUSES

S'agit-il de fonder une société et de donner
un énorme coup de filet ? Le banquier israélite
déploie ses ressources créatrices et ses aptitudes comédiennes. Découvrant d'un œil
d'aigle la grande affaire à lancer, il a bientôt
organisé ses combinaisons et choisi ses auxiliaires. De ces auxiliaires, les uns sont des affi-
dés, les autres, des gens influents dont il lui
faut le concours et le nom. Avec les premiers,
l'entente est rapide, la part de butin est vite
stipulée. Avec les seconds, une adresse de diplomate est nécessaire. Comment faire entrer

le duc de X..., le comte Y..., le grand propriétaire Z... dans une entreprise douteuse? Comment leur en voiler les responsabilités? Mais le banquier israélite ne connaît pas d'obstacles. Ne s'est-il pas renseigné, par des informations secrètes, sur les besoins d'argent et les faiblesses de ceux qu'il entreprend? Aussi, il est bien rare qu'il attaque à faux, et, lorsqu'il se présente, il a, en règle générale, dans l'âme de sa dupe, une complice dévouée.

Mais ce n'est là que le commencement. Il faut parler, séduire, entraîner; il faut vaincre les craintes légitimes, les appréhensions des amis éclairés, les avertissements des gens de loi; il faut, en un mot, dominer entièrement un homme et le réduire à ne plus voir et à ne plus entendre que par les yeux et les oreilles de son empaumeur.

Le banquier israélite opérera ce miracle. Chaleur d'élocution, simulation d'amitié, enthousiasme de spéculateur, appel, par des inflexions de voix profondes, à des passions brûlantes, prêt d'argent fait sur l'heure, il emploiera tous ces moyens avec une vigueur et un ascendant incroyables. Jamais on ne pourra retracer, avec leur coloris dramatique, ces scènes de magnétisme financier. Cagliostro ne savait pas mieux faire l'évocation d'une personne aimée, qu'il ne sait, l'habile imposteur, faire apparaître le fantôme éblouissant de la richesse. L'ombre du prestigieux thaumaturge doit parfois frémir de joie, et il a le droit de se dire que son génie n'est pas mort avec lui.

L'infortuné ne résiste déjà plus ; il suffit de l'achever. Conduit par le banquier dans son cabinet et ses salons, il voit des magnificences inouïes, les trésors du luxe universel, les œuvres d'art de toutes les époques. Ces splendeurs lui portent à la tête et l'ivresse de l'or s'empare tellement de lui, qu'il cesse de s'appartenir. Il consent à tout ; il figurera en première ligne sur le prospectus, il sera un des coryphées, au moins muet et décoratif, des assemblées de fondation, il fera partie du con seil d'administration; le banquier le manie *perinde ac cadaver*.

Celui-ci, du reste, ne néglige rien pour monter la machine. La presse financière embouche la trompette, les rabatteurs poussent le gibier, les amis de la haute Banque célèbrent l'entreprise et engagent leurs clients à souscrire. Lui, présent partout, dirige la manœuvre avec la décision d'un général en chef; il embrasse tout, pourvoit à tout, son activité de géant éclipse tout autour de lui. A l'assemblée des actionnaires, il est superbe de langage et d'autorité. Il a même quelque chose d'impérial, un souffle de majesté lumineuse embellit son visage, et, à la manière puissante dont il tient les statuts ou le rapport, on rêve de Moïse portant les Tables de la Loi. On ne contredit pas, on ne discute pas; les délibérations sont votées d'acclamation. Une observation timide resterait sans écho dans une assemblée dont, par ses créatures, il est d'avance le maître.

Souvent aussi il se dérobe avec la prestesse d'un escamoteur. Il s'agit de prendre une résolution décisive, mais compromettante. Il la croit nécessaire, il en est l'inspirateur. On va se réunir ; au moment précis, il disparaît, subitement appelé par une affaire urgente. Qu'on se hâte de faire la chose sans lui, il n'y a pas une minute à perdre. Et la chose, qu'il a si bien mise en mouvement, se fait sans lui, les automates continuent à agir sous son impulsion, même en son absence. Quand sonnera l'heure des responsabilités, on comprendra pourquoi il s'est échappé. Il pourra dire : « Je n'y étais pas ! » et nier sa participation à la mesure incriminée, de laquelle il n'a pas laissé trace visible. Ses dénégations retentiront devant le tribunal, et peut-être seront-elles écoutées. Ce procédé des banquiers juifs est très bien figuré par l'expression persane : « Prendre un serpent avec la main d'un autre. »

Et quel art de paraitre au besoin étranger à

la fondation d'une société dont lui seul profite, de la faire, par exemple, fonder par son débiteur qui lui payera sa dette en actions libérées ! Ces actions seront revendues au pair, parfois avec prime, puis le krach arrivera. Mais le banquier, on en est sûr d'avance, se sera débarrassé à temps; son tact exercé l'avertit de l'instant qu'il ne faut pas laisser passer, et ses pièges sont d'autant plus perfides qu'il y entre un moment pour mieux donner confiance à ses victimes.

Les sociétés montées par les banquiers juifs rappellent un événement célèbre de l'histoire romaine, la bataille du Trasimène. L'armée romaine, habilement attirée par Annibal, s'engagea dans un défilé dont le rusé Carthaginois ferma les issues, et elle y fut impitoyablement massacrée. De même, le malheureux actionnaire s'engage dans le coupe-gorge israélite; on lui promet monts et merveilles, on lui garantit qu'il ne sera jamais fait d'appels de fonds, et il souscrit le plus d'actions possible.

Le massacre ne tardera pas, le syndic de la faillite sera l'exécuteur.

Ainsi, qu'il s'agisse d'armées et d'opérations militaires, ou de capitaux et de spéculations, les artifices du Sémitisme sont toujours les mêmes, et l'épopée grandiose de la seconde guerre punique (1) tend la main par-dessus les siècles aux rapines contemporaines. Mais, hélas! la guerre financière est-elle moins cruelle, moins meurtrière, moins dévastatrice que la guerre ordinaire?

(1) La plus mémorable des guerres : *Bellum maxime memorabile*, dit l'historien Tite Live.

XXII

LA CORRUPTION

De tous les arts néfastes du banquier israélite, il n'en est aucun sur lequel les législateurs
et les hommes d'État doivent avoir les yeux
plus ouverts que l'art de corrompre. Si la
corruption n'existait pas, il l'aurait inventée.
Là où il y en a un germe quelconque, si caché
qu'il soit, il sait le découvrir et le faire éclore ;
et là où la corruption est déjà un mal chronique,
elle prend tout à coup, sous son influence, des
proportions gigantesques ; elle était l'excep-
tion, elle devient la plaie générale. On ne peut
mieux comparer le travail de fermentation

qui s'opère alors dans certaines régions qu'au développement subit d'une plante chétive sous l'action d'un climat chaud et humide, car la corruption sous le règne du banquier israélite diffère autant, sans exagération, de la corruption ordinaire, que la végétation des tropiques diffère de celle du Nord.

Là, comme ailleurs, le Juif est admirablement servi par son hérédité et son origine. Cette race, qui garde si religieusement ses manies, conserve non moins bien ses talents, et ses succès dans le monde européen tiennent précisément à ce que, tout en s'adaptant en apparence à ce monde, elle est restée en pleine possession de ses habiletés orientales. La corruption est une de celles dont elle use avec le plus de bonheur, et tout Israélite en apporte, en naissant, les inspirations et les manèges.

Quel homme, tenant à la main le nid d'un oiseau, garni de mousse, ouaté, calfeutré, à la fois élégant et solide, géométrique et poétique, n'a éprouvé un vif élan d'admiration? Eh bien,

celui qui, observant l'Israélite en train de corrompre, le suivant dans sa marche astucieuse,
depuis la première préparation de l'œuvre
jusqu'à la consommation finale, n'éprouverait
pas un tel mouvement admiratif, ne serait ni
artiste, ni poète, ni philosophe. Aveugle et
sourd à ce que la nature a fait de plus achevé,
il serait à jamais indigne de l'étudier.

Le Juif s'approche de l'homme qu'il veut
corrompre aussi délicatement qu'un séduc-
teur de profession s'approche d'une femme.
Ses premières paroles l'enveloppent déjà d'une
atmosphère de dévouement et d'affection, délicieuse à respirer. Bientôt la sympathie s'établit, la confiance naît. Qui ouvre son cœur ne
tarde pas à laisser échapper ses secrets; d'ailleurs, le Juif connaît son homme d'avance,
même dans ce qu'il cache le mieux ; il est renseigné sur la maîtresse dispendieuse ou les
dettes embarrassantes, et tous ses coups portent. Une occasion imprévue ou provoquée
surgit, une plainte sur de vulgaires difficultés

se fait entendre. Le tentateur s'en empare avec
la promptitude d'un oiseau de proie.

— Comment! vous, s'écrie-t-il, un homme de
votre mérite, vous avez à lutter contre de pareils ennuis! Vous risquez de n'être pas réélu
faute de pouvoir subventionner un misérable
journal! Et, cependant, il y a peu d'hommes
comme vous en France. Si, de ce côté, vous
aviez la sécurité, vous pourriez consacrer toute
votre énergie au relèvement national.

Insensiblement les propositions apparais-
sent, se définissent, mais avec quels ménagements, quelles précautions! Un prêt adroit
les précède souvent. Surtout, elle excelle,
cette corruption hideuse, à se présenter comme
une chose toute simple. Le Juif, comme le sé-
ducteur de femmes, semble exhaler un charme
qui endort le sens moral. Et il a une éloquence
qui enlace, des arguments qui troublent, des
raisonnements spécieux, appropriés à chacun.
Il démontre, avec la dernière évidence, que les
hommes politiques ne peuvent subvenir à leurs

dépenses que si la vie publique leur fournit
des ressources, que tous, d'une manière ou
d'une autre, sont obligés de se procurer,
qu'agir autrement, c'est ne pas savoir s'arranger et s'exposer, à chaque élection, à être,
faute d'argent, dépossédé par le premier venu
et rejeté dans la vie privée avec la pauvreté et
le mépris en perspective, qu'il faut laisser les
timides et les idéalistes professer des principes
absolus, que, du reste, ceux qui les professent
sont les premiers à les violer, qu'enfin, dans
certaines affaires, telles que celle qu'il propose,
on réalise un profit légitime sans trafiquer de
sa conscience, qu'il vaut mieux, sans doute,
ne pas les divulguer inutilement, mais qu'en
définitive, ce n'est pas trahir l'État que de
songer un peu à soi. Les exemples se succèdent sur ses lèvres agiles, et tout le Parlement
y passe; la vérité et la calomnie peuvent chacune revendiquer leur part dans les mille faits
qu'il raconte ; mais, chez lui, le mensonge
prend si bien la physionomie de la vérité, il

9.

se joue avec tant de naturel dans les détails circonstanciés, qu'on ne peut plus les démêler. En tout cas, la corruption ne tarde pas à s'acclimater, dans l'esprit de l'homme si bien assiégé, comme une pratique universelle et presque indispensable.

Cependant, cet homme recule. Le besoin d'argent le dévore, ses créanciers s'impatientent, ses billets en circulation ne peuvent plus se renouveler, son indemnité va être saisie, il est au supplice... Mais si la chose venait à être découverte? Ah! c'est là où le banquier dispose d'une arme terrible : le silence. Ce silence impénétrable qui va couvrir l'œuvre de fraude, cette discrétion qui la rendra invisible, cette dextérité vigilante qui fera disparaître les plus légers indices, voilà le gage sacré qu'il offre, et on sait trop bien qu'il sera fidèle à sa promesse. Oui, cet être si fallacieux sait ne pas trahir autrui pour ne pas se trahir lui-même (1).

(1) « Éternel, garde ma bouche, garde l'ouverture de mes lèvres. » (*Psaumes*, CXL. v. 3.)

La corruption, il faut l'avouer, a une grande
vertu, celle de savoir se taire : le crime accompli, elle rentre, comme un serpent, dans un
trou profond où l'on ne peut l'atteindre.

Le banquier connaît aussi à merveille la
puissance des chiffres. On ne corromprait pas
X... avec dix mille francs : il n'y aurait pas de
quoi payer la subvention au *Crapaud Volant*
ou au *Caméléon* du chef-lieu, ni les affiches et
bulletins de l'élection prochaine. Mais avec
cent mille francs, c'est autre chose. L'élection
assurée, et, de plus, une petite fortune avec
laquelle on pourra envisager l'avenir avec sécurité, on ne fait pas fi de ces aubaines-là. Charité bien ordonnée commence par soi-même :
et puis X... a tant fait pour le pays ! Il a bien
droit à quelques compensations. Le banquier
juif sait tout cela, et quand, de sa voix vibrante,
il prononce le mot magique : « Cent mille
francs », un écho lui répond dans l'âme de son
interlocuteur.

Quelles sont les mesures pratiques qu'appelle une corruption envahissante, insaisissable à force d'habileté? Il y a là une étude à recommander aux hommes d'État. Assurément personne n'oserait affirmer que, dans les innombrables procès que les banquiers juifs ont soutenu depuis un demi-siècle, aucun magistrat ne se soit laissé corrompre. Et cependant, serait-il inutile qu'il y eût, auprès du Garde des Sceaux, une commission spéciale, armée de moyens perfectionnés d'investigation? Serait-il inutile qu'une loi sévère fît rouler la tête de tout magistrat qui se serait laissé corrompre? Si la corruption judiciaire n'existe pas, ces mesures en feront disparaître jusqu'à l'odeur, et la considération de la Justice sera désormais mieux protégée contre le soupçon.

XXIII

INFLUENCE POLITIQUE DES BANQUIERS JUIFS

Il n'est pas possible de séparer les finances
de la politique, ni le débiteur de son créancier. Tout État endetté tend à passer sous la
domination des Juifs, et spécialement des
grands banquiers, maîtres du marché. Les souverains et les hommes d'État doivent compter
avec eux. Non seulement ils leur doivent des
égards personnels : la puissance israélite, la nation israélite, que ces banquiers représentent,
veut autre chose ; elle entend s'avancer, conquérir et régner.

Sans doute, cette situation comporte dans

les différents pays des degrés très divers. Ici
un pouvoir fortement constitué, là une aristocratie énergique, ailleurs les habitudes rigou-
reuses d'ordre et l'esprit commercial de la
population, opposeront une résistance salu-
taire à l'envahissement et le circonscriront
dans des limites supportables. Mais, dans
d'autres pays, toutes les causes possibles, les
défauts du caractère national. la versatilité de
la politique, les troubles, les révolutions, les
entreprises chimériques, la corruption des
idées, l'insuffisance des hommes publics, l'im-
moralité des partis, viendront s'accumuler
pour précipiter et généraliser l'invasion.

Alors, quel spectacle offrira la nation? On y
cherchera l'homme d'État et on ne le trouvera
pas. En revanche, l'aristocratie des capitalistes
juifs élèvera jusqu'au ciel ses cimes altières.
On peut même dire qu'il y a une corrélation
parfaite entre la disparition des hommes
d'État et la suprématie des banquiers juifs. Là
où ceux-ci commencent à dominer, on peut

prédire la disparition prochaine des hommes d'État, et, là où la puissance de la Banque juive décline, où l'opinion publique l'enveloppe de ses clartés, en attendant que la Justice la frappe, l'éclipse du génie politique touche certainement à sa fin.

Il est des pentes difficiles à remonter. Pour se dégager du joug de la Banque juive, il est indispensable qu'une révolution s'opère dans les esprits et en extirpe des paradoxes invétérés, de ces paradoxes qui, empruntant quelque chose à la vérité, en usurpent outrageusement le nom.

Sans doute, il est utile qu'un État ait du crédit, mais il est inutile qu'il ait des dettes. Il est vrai encore que certaines dettes répondent à des dépenses productives. L'État, en les contractant, se comporte comme un commerçant qui emprunte pour étendre ses affaires. Mais, pas plus que celui-ci, il ne doit jamais perdre de vue le rapport entre le profit et la dépense, et, toutes proportions gardées, ses opérations d'emprunt sont régies par les mêmes principes. Contracter une dette sans en régler l'extinction dans un espace de temps relativement restreint, c'est glisser sur la pente du désordre ; et — qu'on ne l'oublie pas ! — en matière de finances, la plaie qui s'ouvre aujourd'hui deviendra, en peu d'années, un gouffre.

Pour réfuter une à une toutes les idées sophistiques à l'aide desquelles le système de l'endettement a été préconisé, il faudrait de longues pages. Ainsi, on a entouré la dette publique française d'une auréole de gloire. Les banquiers de Londres, les Juifs de Bombay, les Arméniens de Constantinople, souscrivant le même jour, avec le même empressement, à un grand emprunt français, quel fait imposant ! Quelle confiance universelle ! a-t-on dit et imprimé ; et les flatteries étrangères n'ont pas été les moins enthousiastes. S'il y a là quelque grandeur, elle est bien triste ; la France travaillant pour les capitalistes des deux hémisphères, obligée de prélever chaque année sur

le meilleur de ses impôts une somme effroyable pour payer les intérêts de sa dette, et peut-
être impuissante à jamais à en rembourser le
capital, si ce n'est pas une honte, ce n'est pas
non plus un sujet d'orgueil. On peut, comme
les Juifs, se glorifier d'être le créancier du
monde entier, mais se vanter d'en être le débiteur, c'est, par une aberration incroyable, con-
fondre le labeur et les tourments de l'esclave
avec la sécurité et les jouissances du maître.

Ce peuple français se félicitant d'avoir les
qualités d'un débiteur loyal, honnête, que ses
créanciers estiment et qui travaille pour eux !
Et il s'étonne qu'on le regarde dans l'univers
comme une race de gobe-mouches faits pour
être éternellement dupés, comme la vache à
lait des exploiteurs et des escrocs !

Lorsque le banquier israélite se promène à
la campagne et que, de son équipage, il contemple au milieu des champs le paysan péni-
blement courbé, il ne manque jamais de s'é-
crier, ravi de joie : « Quel peuple laborieux ! »

Il admire l'économie française et l'esprit d'épargne français. Il en a vraiment le droit ! Le travail français, c'est lui qui en perçoit la dîme ; quant aux épargnes, combien de fois lui et ses pareils ne les ont-ils pas fait passer dans leurs caisses par des tours de prestidigitation financière !

Telle est la confusion des idées, que le système de l'endettement a été érigé en force politique. On a prétendu trouver dans la diffusion des titres de la dette publique une garantie de stabilité gouvernementale. Ne serait-il pas plus juste de dire que tout État endetté s'affaiblit et devient moins capable de repousser une invasion étrangère ? Le conquérant, s'il est habile, ne manquera jamais de maintenir la dette, sauf, bien entendu, à la laisser à la charge exclusive du pays conquis lui-même. Demander à un tel pays une lutte désespérée comme celle de la France contre l'invasion anglaise aux XIVe et XVe siècles, c'est bien peu connaître les faiblesses éternelles de la nature humaine.

Mais de tous ces sophismes, le plus funeste peut-être a été l'exagération de l'idée économique. Assurément, la richesse publique a une haute importance ; mais elle n'est pas seule, elle n'est pas tout. Elle est une force considérable, non un but principal et unique. Cela est vrai pour la France plus que pour toute autre nation. Industrielle et commerçante, la France tiendra honorablement sa place à côté de l'Angleterre, de l'Allemagne du Nord, des États-Unis ; elle aura perdu sa primauté dans l'univers. Le système de l'endettement à outrance a eu pour effet de lancer la France à toute vitesse dans cette voie et d'y déprimer d'autant les caractères et les âmes. Au lieu de surmener la production économique, il eût mieux valu raffermir quelques-unes des bases de l'éducation morale française : l'horreur des dettes, des dépenses inutiles, des richesses mal acquises et de ceux qui les possèdent (1).

(1) L'horreur des richesses mal acquises était

Si cela eût été fait, il y aurait aujourd'hui moins de pauvres et de déclassés, et les malheureux, dont les économies sont allées s'engouffrer dans les emprunts des gouvernements véreux et les sociétés frauduleuses, jouiraient

un des traits caractéristiques des Romains. Polybe fait ressortir dans ces termes la différence entre eux et les Sémites carthaginois :

« Les moyens dont les Romains se servent pour augmenter leurs biens sont encore beaucoup plus légitimes que ceux des Carthaginois. Chez ceux-ci, de quelque manière que l'on s'enrichisse, on n'en est jamais blâmé ; chez les Romains, rien n'est plus honteux que de se laisser corrompre par les présents, et d'amasser du bien par de mauvaises voies. Autant ils font cas des richesses légitimement acquises, autant ils ont en horreur celles qu'on se procure par des moyens injustes. Parmi les Carthaginois, les dignités s'achètent à force de largesses et de présents ; parmi les Romains, c'est un crime capital. Aussi, comme les récompenses proposées à la vertu sont différentes chez l'un et l'autre peuple, il n'est pas surprenant que les voies pour y parvenir soient différentes. » (Polybe, *Histoire générale de la République romaine*, l. VI.)

au moins d'une aisance honnête, qu'ils ont perdue pour embrasser un fantôme.

Quoi qu'il en soit, la dette publique est aujourd'hui un facteur capital de la politique française, et les sommités de la Banque ont le droit de traiter d'égal à égal avec n'importe quel Gouvernement. Si elles ne lui font pas exactement la loi, on ne la leur fait pas non plus, et le moindre mécontentement les rendrait redoutables. En quelques jours, une baisse de la Rente française avertirait le Gouvernement de rentrer dans le devoir, et il . e se ferait pas répéter la leçon. D'ailleurs, le public se joindrait aux banquiers; n'est-il pas tombé, ce public, au point de faire de la Bourse l'appréciatrice suprême et infaillible des actes du Gouvernement?

La condition de l'État endetté est, au surplus, bien simple. Il a, dans son sein, un souverain auquel, à chaque instant, il doit craindre de déplaire. Ce souverain sans doute use, en général, de son pouvoir avec prudence; il n'agit qu'à propos et quand son intérêt l'exige ; mais il est toujours aux aguets, il sait tout ce qu'il a besoin de savoir; il suit les conseils de Cabinet, comme s'il y assistait ou comme s'il y avait une bouche téléphonique. Ce qu'il sait bien surtout, c'est qu'on y parle de lui avec une crainte respectueuse.

En général, il n'est pas inféodé à un gouvernement déterminé. La puissance de l'or a, sous ce rapport, quelque ressemblance avec la puissance spirituelle ; elle aspire à la même universalité, elle plane au-dessus des nations; tout doit dépendre d'elle, et elle ne doit dépendre de personne. Et l'or a raison : le luxe des cours, la prodigalité des nobles, le gaspillage démocratique : tout désordre n'est-il pas également exploitable, également tributaire de l'usure intelligente?

XXIV

DOMINATION DES BANQUIERS JUIFS SUR LES HOMMES POLITIQUES

L'intervention de la Finance juive dans le
Gouvernement peut se produire d'une manière
plus précise et plus directe. Il suffit de supposer
un homme ou un parti parvenu, avec son appui,
à une situation dominatrice. Les banquiers
qui l'auraient commandité ne se contenteraient
pas évidemment d'influer de loin sur la politique. Il leur faudrait, sous des formes diverses,
le partage du pouvoir et la direction des affaires.
On verrait leurs créatures envahir les hautes
fonctions et les ministères se sémitiser. On

verrait ces mêmes banquiers pousser à des entreprises dispendieuses, revêtues de couleurs grandioses, mais ayant pour but réel de leur fournir un vaste champ de spéculations.

Un immense et subit développement imprimé aux travaux publics sur toute la surface d'un grand pays en fournirait un exemple caractéristique : emprunts du Gouvernement, formations de sociétés, émissions d'actions et d'obligations, commandites, tripotages, etc., que ne peut-on pas, avec l'adresse juive, faire sortir de la f lie des travaux publics s'emparant de tout un peuple crédule et enthousiasmé ? Et si quelqu'un s'entend à tirer d'un sac plusieurs moutures, ce sont les Juifs en général et les banquiers juifs en particulier. Quand les travaux publics, entrepris sur une échelle extravagante, auront effondré les finances, à coup sûr Israël aura troqué des vaches maigres pour des vaches grasses.

Cette action des banquiers juifs sur la politique peut, du reste, se présenter sous une infinité d'aspects. Rien n'empêche de concevoir l'hypothèse suivante : Un syndicat de banquiers juifs est maitre des secrets, peut-être même des volontés de l'homme public dirigeant ; ils savent (et leurs incitations n'y sont pas étrangères) qu'une expédition militaire aura bientôt lieu et aboutira, sous forme de protectorat, à une quasi-annexion ; la dette de l'État annexé va se trouver garantie par l'État protecteur ; il est entendu que ce sera la première consécration de la conquête. Quoi de plus naturel que d'en ramasser d'avance, sur le marché, les titres avilis? Puis quand les événements auront pris tournure, que l'expédition. commencée sous un prétexte de comédie, sera engagée d'une manière irrévocable. il ne sera pas moins naturel de faire l'étonné et de nier bien haut la participation de l'ami célébré, de l'homme d'État chéri, à l'entreprise. de lui prêter même des paroles de désapprobation ou de désaveu formelles.

La domination absolue des banquiers juifs

sur l'homme politique dont ils ont poussé la carrière est un fait très remarquable. Cet homme sent jusqu'au fond de l'âme qu'il leur doit tout et qu'il leur appartient. Aussi ne songe-t-il jamais à briser le nœud, et on dirait que la préoccupation de donner aux Juifs des marques de confiance et d'affection l'obsède continuellement ; il les installe près de lui, leur livre ses secrets les plus intimes, les préfère à tous. C'est à tel point qu'on se demande s'il n'est pas Juif lui-même, s'il n'obéit pas à quelque affinité héréditaire occulte. Non, il ne l'est pas, et ce n'est pas la reconnaissance seule qui agit en lui. Cette complaisance aveugle, inépuisable, qui ne peut se comparer qu'à la soumission de la créature envers son créateur, est au fond pleine de crainte. Quand les Juifs aident un homme à sortir du néant, ils le font de telle manière qu'il leur reste enchaîné à perpétuité. Le pacte fait avec eux ressemble à un pacte avec l'enfer : il ne peut plus se rompre.

On pourra voir cet homme, entouré d'un

groupe de banquiers juifs, prendre parti pour eux contre un autre groupe de banquiers juifs ; car Israël vit dans la discorde comme dans son élément. On s'y déteste, on s'y déchire à belles dents, on y conspire sans cesse l'un contre l'autre et la haine seule de l'étranger y ramène l'union. L'aptitude étonnante de la Jérusalem antique pour s'assimiler les tarés et les malfaiteurs de toutes les contrées environnantes est-elle pour quelque chose dans cet état chronique de division du Judaïsme (1)?

(1) *Nam pervicacissimus quisque illuc perfugerat, eoque seditiosius agebant.* (Tacite. *Histoire,* l. V., ch. XII.)

« Car, s'il y avait quelque part un scélérat déterminé, il était sûr de trouver un asile à Jérusalem ; aussi les Juifs étaient-ils en proie aux discordes. » (Trad. Nisard.)

Le grand historien, qui avait une connaissance si exacte de l'univers romain, qualifie ainsi les Juifs : *teterrimam gentem.* Le lecteur traduira. (*Id.*, 8.)

L'historien juif Josèphe a, de son côté, fait des aveux réitérés sur la multiplicité des crimes à Jérusalem. (Voir notamment *Guerre des Juifs contre les Romains*, ch. XXIV.)

En tout cas, si jamais la domination israélite s'établissait d'une manière définitive sur
le monde, il serait affreusement divisé ; l'envie
et la colère l'agiteraient sans trêve ni relâche,
et les Juifs obligeraient le reste des hommes à
s'immoler pour leurs rivalités furieuses.

Une des opérations les plus fructueuses pratiquées par la Banque juive dans le domaine
politique consiste à organiser des tempêtes
d'alarmes. Il n'y a pas de meilleur moyen de
réaliser à la Bourse d'abondants bénéfices. Ces
tempêtes sont conduites avec un art infini. Dès
que l'occasion favorable surgit, elle est saisie
au vol. Les journaux à la solde des banquiers
propagent des bruits inquiétants. Puis les faits
précis, les mouvements militaires, les combinaisons diplomatiques, les déclarations menaçantes entrent en scène; la presse juive reten-
tit de prophéties belliqueuses et sonne la
charge. Déjà, sous ces efforts redoublés, la
Bourse s'agite, les cours se dépriment, le
public se trouble. Soudain une dépêche terrible

éclate, tout est perdu... Une baisse formidable frappe toutes les valeurs, et superbe est la moisson ; la Terre promise n'en avait pas de plus belles. Quelques jours après on parlera de manœuvres, de dépêches fabriquées ; on osera même invoquer les lois qui répriment ces fraudes. Les lois ! Quelle sottise ! Se figure-t-on un Garde des Sceaux ordonnant des poursuites en pareil cas ? Il serait brisé comme verre et apprendrait à ses dépens à réfléchir sur les princes de la Finance et sur les toiles d'araignée.

La Finance juive dirige ces opérations avec d'autant plus de succès qu'elle y utilise ses ressources internationales. Elle agit simultanément dans divers pays. A Vienne comme à Paris, elle fait marcher au même but une armée de mensonge ; le grand article à sensation du journal viennois et la dépêche terrifiante de Londres, qui bouleverse la Bourse de Paris, se lient comme deux manœuvres convergentes sous lesquelles la raison publique, égarée, accablée, ne résiste plus et se rend prisonnière. Le banquier vainqueur lui rend la liberté quelques jours après, non sans lui avoir fait payer cher sa rançon.

L'homme politique parvenu par les banquiers juifs est exposé à boire à la coupe du repentir. Tantôt fondateur d'une société véreuse, il voit fondre sur sa tête une responsabilité inattendue ; tantôt leurré d'espérances trompeuses, il les voit s'évanouir, laissant derrière elles une réalité désagréable, vingt ou trente mille francs de billets souscrits au banquier en représentation de ses avances. Enfin, quoi qu'il fasse, et, fût-il leur idole, l'homme politique qui doit aux banquiers juifs sa carrière fera bien de s'attendre à de cruelles expériences. Au besoin, une déconsidération mystérieuse dont il se verra entouré lui apprendra qu'on ne reçoit rien d'eux impunément. Le Ciel rend au centuple ce qu'on lui donne ; mais l'Enfer réclame au centuple ce qu'il prête.

XXV

INFLUENCE DE LA FINANCE ISRAÉLITE
SUR LA MORALE PUBLIQUE

Que la Finance juive exerce une influence
morale considérable, le fait est certain, et il
n'est pas difficile d'en préciser la nature.

La société dépend, en effet, de ce qu'elle
admire. Toute grandeur qui la subjugue lui
trace la voie ; elle la prend pour modèle et
aspire à l'imiter. Si cette grandeur a pour base
des vertus supérieures et des sentiments
sublimes, la société tout entière s'élève. Si,
au contraire, elle a pour fondements la ruse et
la fraude, la société ne la contemple pas sans

subir, dans ses forces morales, une dépression profonde.

L'héroïsme du guerrier, les labeurs du savant, la haute abnégation du grand homme d'État répandent la lumière sur la société qui les possède. Plus elle les comprend, plus elle les entoure de ses respects, plus elle grandit. Elle ne s'ennoblit pas moins lorsqu'elle rend hommage aux vertus modestes. à l'intégrité, à la bienfaisance, au dévouement charitable. Ou plutôt. d'une extrémité à l'autre de la chaîne morale, tout se lie et ne fait qu'un : une société vraiment grande ne révère pas moins l'incorruptibilité du magistrat intègre et le zèle du médecin désintéressé, qu'elle n'admire le courage de ses héros.

Le règne de la Finance juive ne détruit pas absolument ces hautes aspirations, mais il les ébranle. Un soleil nouveau s'élève à l'horizon, devant lequel pâlissent les idées morales. Toutes deviennent plus ou moins incertaines, et quelques-unes même invisibles. A leur place, une folie d'imitation sémitique envahit les esprits et y produit un abaissement général, facile à expliquer. Lorsque l'argent est devenu le centre d'attraction par excellence, qu'il s'impose à tous comme le but souverain de l'existence, il pénètre fatalement jusqu'aux dernières profondeurs de l'être social. Dans un tel monde, les passions et les vocations se rapetissent, l'homme politique ressemble à un faiseur d'affaires, la science fait de la réclame, l'art tombe dans le commerce, les professions libérales dégénèrent en exploitations d'une honnêteté douteuse, elles répudient leurs vieilles traditions avec un joyeux cynisme, et les hommes qu'elles fournissent à la vie publique s'y comportent en intrigants pressés de s'enrichir.

Or, s'il y a dans la société aryenne un principe sacré, c'est que l'argent ne doit jamais y tenir la première place. Dès qu'elle le méconnaît, elle n'est plus elle-même, et cette profanation de ses bases ne reste jamais impunie.

Ce n'est pas le culte de l'argent qui a fait les grands hommes de l'antiquité grecque et romaine, et ce n'est pas ce culte non plus qui a fait la France. Certes, il serait puéril de rendre la Finance juive responsable de toutes les défaillances de l'époque, mais elle y a sa part, et la France, agenouillée devant le Veau. peut à juste titre se regarder comme déchue de son plus beau patrimoine. l'amour du noble et du grand.

LIVRE QUATRIÈME

———

LES JUIFS

DANS LES PARTIS POLITIQUES

LES JUIFS

DANS LES PARTIS POLITIQUES

XXVI

COMMENT LES JUIFS SE MÊLENT AUX PARTIS POLITIQUES

L'ÉTAT DE SUGGESTION

Il a été précédemment fait allusion à une propriété remarquable des Israélites : l'état de suggestion. Cet état, qui joue un rôle essentiel dans leur action politique, mérite une description spéciale.

Des Israélites, séparés les uns des autres, tiennent, au même moment, le même langage. Non seulement leurs idées sont les mêmes, mais ils les expriment dans les mêmes termes, avec le même accent, et, on peut même ajouter, avec le même geste. Qui a entendu l'un les a tous entendus. Il y a plus, leurs opinions présentent exactement les mêmes phases, elles passent par les mêmes nuances, elles battent en retraite ou changent le même jour, à la même heure.

Les manifestations politiques des Israélites ne se distinguent pas moins par des allures précises et décidées. Là où l'Aryen tâtonne, le Juif tranche. Les Israélites seraient-ils, en politique, dispensés de réfléchir? La réflexion, chez eux, aboutit-elle instantanément à une idée arrêtée? Ou bien ne recevraient-ils pas leurs idées toutes faites d'un centre cérébral commun et invisible?

A l'examen il est difficile d'échapper à cette dernière hypothèse; tout observateur clairvoyant, exercé à sonder les dessous de la pensée, sera forcé d'arriver à cette conclusion : que les Israélites se rattachent les uns aux autres par un même foyer d'innervation, en d'autres termes, que l'état de suggestion à distance par rapport les uns aux autres est une des bases de leur vie mentale.

Chez quelques-uns, plus richement doués ou plus richement tarés, ces communications atteignent à un degré d'activité effrayante. Leur tête bouillonne sans cesse sous l'influence d'une fermentation qui touche au délire. Toutes les passions du monde israélite viennent retentir en eux, et, dans leur voix, on croit entendre l'Abîme qui gronde, comme dans leurs yeux on en voit luire les flammes. Ce qui frappe le plus chez ces êtres, c'est la précision et l'universalité de l'inspiration suggestive. Un téléphone leur parlerait et leur enverrait le mot d'ordre du lointain, que leur langage ne serait ni plus précis, ni mieux approprié aux ambitions de l'Israélisme universel.

Comment ces communications s'opèrent-elles? Se produisent-elles par des révélations

soudaines, par des illuminations vives et enivrantes? Ou bien par des voix d'une clarté
retentissante? Il y a là un problème à scruter
et un champ d'exploration de premier ordre
pour les pathologistes; ils feront bien de ne
pas trop dédaigner les études du Moyen-Age,
faciles à traduire en langage scientifique moderne. Selon toute probabilité, ces communications s'effectuent le plus ordinairement par
des bouffées inconscientes ; mais souvent
d'étranges phénomènes trahissent un travail
névropathique intense. En examinant maint
Israélite le matin, on devine l'agitation de la
nuit et l'espèce de réunion qu'il a eue, par voie
de suggestion, avec ses coreligionnaires (1).

En tout cas, la propriété suggestive est d'une
importance majeure dans la politique des
Juifs. Elle leur permet d'entrer dans un parti
avec l'avantage d'une prodigieuse unité d'ac-

(1) Ces orages suggestifs nocturnes ont été étudiés au Moyen-Age sous un autre nom.

tion et avec l'ascendant d'un langage extraor-
dinairement décidé. Leur assurance explosive
stimule l'intuition prophétique et impose au
grand nombre. Bien peu flairent la névrose,
et bien moins encore soupçonnent, derrière la
vie cérébrale apparente, une autre vie cérébrale pleine de mystères et de ténèbres.

XXVII

Entrés dans un parti en groupe compact, les Juifs s'y comportent très habilement pour établir leur influence. Ils n'ont rien de plus pressé que d'en épouser toutes les passions et d'en professer toutes les idées. Ils les érigent en vérités absolues, couvrent de sarcasmes ceux qui y apportent des restrictions, déifient les personnages du parti, calomnient avec fureur les hommes des partis adverses et lancent le mot d'ordre quotidien avec une arrogance dogmatique et une fougue méprisante. Comment ne pas les écouter? Le parti languissait peut-être, il manquait de foi en lui-même, quelques esprits chagrins voulaient y jouer le rôle de modérateurs; dans ses chefs, il pressentait des lacunes inquiétantes : ici il devinait un homme incomplet, là un ambitieux vulgaire. Enfin les hommes les plus sages allaient jusqu'à admettre la nécessité d'une longue élaboration pour y épurer les idées et y former les hommes.

L'intervention sémitique agit promptement sur le parti comme une drogue excitante et le délivre de ses doutes. Il se met à croire en lui-même et se persuade que le pays lui appartient. Ses idées ne sont-elles pas l'encyclopédie de la sagesse politique? Ses chefs ne sont-ils pas des hommes immenses? La presse israélite le lui dit à satiété. Aussi ne tarde-t-il pas à regarder ceux qui procurent ces illusions comme sa fleur et sa quintessence. Aux Juifs les premières places et les dépouilles opimes. On les rencontre partout, ils encombrent les réceptions officielles, les listes de nomination, les commissions extraparlementaires. Le parti semble ne plus vivre que par eux et ne plus conquérir que pour eux. On dirait qu'ils en sont la tête, que sa victoire n'est due qu'à leurs efforts, qu'ils l'ont tiré du néant et qu'ils le portent sur leurs épaules.

Jusqu'à un certain point, cette opinion est fondée. L'esprit d'entreprise et le charlatanisme des Juifs ont été pour beaucoup dans les succès trop rapides du parti. Ils ont fait une propagande active et leurs hymnes d'admiration ont poussé au premier plan l'homme dont, avec leur flair commercial, ils ont discerné l'avenir. D'ailleurs ils ont occupé la scène sans interruption et su de mille manières se rendre indispensables. Grands et petits services, fondation de journaux, organisation de comités, avances d'argent, le parti leur a d'innombrables obligations; et ils n'ont rien fait et donné qu'à bon escient, le politicien israélite procédant, comme l'usurier son père, avec la logique d'une table d'intérêts. Aussi, avec l'aide de l'intrigue, de cette intrigue sémitique, mobile comme l'onde et dévorante comme le feu, les gros profits de la victoire affluent dans leurs mains. Bien entendu, toutes les faveurs sont dues à leur rare mérite : un Israélite n'est-il pas le double ou le triple d'un autre homme, le chef-d'œuvre de la nature et de l'éducation ?

*
* *

Lorsque le parti, entré dans sa période descendante, marche par degrés à sa ruine, les Israélites n'y déploient pas moins d'ardeur. Il ne s'agit plus d'envahir, mais de n'être pas délogé. Or, rendre est pour l'Israélite la chose abominable entre toutes, et celui qui l'y contraint, le dernier des monstres. C'est pourquoi il se défend avec une obstination furieuse. Alors on entend les bordées d'invectives, les trombes d'injures, les âcres calomnies, les excitations ouvertes aux mesures extrêmes et aux moyens criminels. La presse juive, comme un volcan en éruption, lance des flammes et crache des matières. Parfois, à la lecture de ses articles, on se représente en imagination des vipères au sabbat, livrées à une horrible surexcitation démoniaque.

Quelles réflexions amères doivent se faire les hommes de ce parti, ceux mêmes qui ont cru faire merveille en acceptant le concours des Juifs et en leur donnant les premières places! « Ce sont les Juifs qui nous perdent, » se disent-ils enfin. Mais lorsqu'ils reconnaissent la cause du mal, il est trop tard pour y porter remède. Le parti qui s'élève avec l'aide de l'Israélite périt par l'Israélite; tôt ou tard, il succombe sous la réprobation publique et sa chute, comme toute chute israélite, est un effondrement sans nom (1).

(1) Le chapitre xxx expliquera plus amplement pourquoi les Israélites perdent les partis qu'ils dirigent.

XXVIII

COMMENT LES JUIFS CIRCONVIENNENT LES HOMMES POLITIQUES

LA FLATTERIE

Partout, mais surtout en France, les partis ne peuvent rien sans une tête qui les commande. Les Juifs le savent ; aussi mettent-ils tous leurs soins à s'emparer de l'homme appelé à ce rôle ou capable de le jouer. Pour le circonvenir, capter son cœur, dominer son esprit, pour l'amener à identifier son ambition avec leurs intérêts et lui persuader qu'il a en eux ses amis les plus sûrs, pour le lier enfin à eux par des chaînes indissolubles, leur génie se surpasse et s'élève à des prodiges.

Leur stratégie peut se ramener à trois moyens qu'ils font marcher de front :

1° La flatterie. — Le Juif, né flatteur, a, sans les avoir appris, tous les arts de la flatterie à sa disposition et sait en faire vibrer toutes les cordes. Il excelle dans la flatterie affectueuse comme dans la flatterie admirative. Non seulement il admire un homme, mais il l'aime ; il lui chatouille la vanité et il sait en même temps parler directement à son cœur. Cette admiration, doublée d'une affection profonde, est d'un effet irrésistible ; on croirait entendre l'harmonie du respect et le murmure du dévouement.

Artiste jusqu'à la moelle des os, la flatterie juive abonde en détails exquis et en caresses ingénieuses ; elle a des sourires séducteurs, des étonnements pleins de charme, des mensonges inimitables et un génie de découverte qui ne se lasse jamais. La justesse d'une pensée comme l'imprévu d'une saillie, l'originalité d'une expression comme la finesse d'une remarque, la haute raison comme la mémoire infaillible, elle découvre, comprend, célèbre, multiplie, enguirlande tout. Semblable à la draperie mouillée de la statuaire antique, elle s'applique délicatement à l'être tout entier et l'entoure en tous sens d'une tromperie délicieuse. A moins d'un caractère trempé ou d'une clairvoyance expérimentée, on ne lui résiste pas.

Elle aveugle d'autant plus que, prudente et soigneuse des apparences, elle sait ne pas se contredire. Le flatteur israélite flatte un homme même loin de lui ; hors de sa présence, son admiration n'est que plus chaude, plus convaincue. Celui-ci eût-il des doutes sur la sincérité des paroles qui lui sont adressées en plein visage, son bon sens lui suggérât-il qu'il faut en rabattre, il ne pourrait refuser son cœur à l'affection ardente qui exalte ses mérites et grandit sa réputation.

Serait-il cependant si difficile de pénétrer dans les arcanes de cette flatterie, d'apercevoir,

derrière l'amitié enthousiaste, la tromperie grimaçante ? Si, prêtant l'oreille, on auscultait les
inflexions de la voix et qu'on en analysât
les sons, comme on démêlerait le travail de la
fausseté ! Comme on entendrait la voix se
rassembler pour produire des notes graves, vi-
brantes de sympathie, ou la petite flûte de mensonge préparer ses modulations ! Et ne faut-
il pas ignorer le Juif, pour ne pas savoir que,
chez lui, le flatteur est le frère du calomnia-
teur, que la cajolerie et l'insolence ne sont que
les deux faces de son double visage ?

A toute époque de leur carrière, mais surtout à leurs débuts, les hommes politiques
sont très exposés à la flatterie juive. Qu'on se
figure un ambitieux dont l'avenir se dessine,
mais qui n'a pas encore pris possession de sa
destinée. Si, dans cette phase où il lutte contre
les dernières ombres de l'obscurité et peut-
être contre ses propres indécisions, la flatterie
juive, venant à sa rencontre, lui dit qu'il est
un homme extraordinaire, elle est accueillie

comme une révélation du ciel. La joie de posséder un groupe d'admirateurs enthousiastes le débarrasse de ses incertitudes, il s'élève à une idée magnifique de lui-même et une confiance audacieuse vivifie tous ses actes. Désormais, il marche hardiment au but, il impose, il subjugue. Il semble qu'en le sacrant roi, les Juifs lui aient communiqué le prestige d'un charlatanisme grandiose. Aussi s'établit-il entre eux et lui des liens perpétuels. Il ne peut plus se passer d'eux; la flatterie juive absente, il cesserait d'être un dieu pour redevenir un simple mortel.

Si cet homme a le cœur généreux, les Juifs ne manqueront pas de se l'attacher par la plus séduisante des tromperies: la simulation d'une amitié sincère et passionnée. On le verra s'entourer de jeunes Juifs étincelants de dévouement et de zèle. Prompts à interpréter ses désirs et à exécuter ses ordres, ils formeront autour de lui un bataillon sacré. Continuellement ils chanteront ses louanges sur la lyre de l'enthousiasme. Et, s'il tombe malade, ils auront des inquiétudes affectueuses, des tendresses vigilantes.... Prenez bien garde à votre cœur, hommes publics! et ne livrez pas la France aux Juifs parce qu'ils feignent de vous aimer!

XXIX

LA RÉCLAME — LES SERVICES D'ARGENT

2° La réclame. — Fille du mensonge comme la flatterie, la réclame est un des fondements de la grandeur israélite. Le génie de la réclame paraît même plus spécial encore aux Israélites que celui de la flatterie ; ils l'ont en tout cas portée à un degré de perfection idéale.

Telle que la pratiquent les Israélites, la réclame est un art prodigieux de s'emparer de la pensée par les yeux et les oreilles, de subjuguer la raison par le bruit, de donner le vertige à la réflexion par un miroitement qui la trouble et l'hébète.

Bruyante et mobile, la réclame israélite se gouverne, en réalité, par des principes constants. Ces principes peuvent se réduire à trois : il faut que la réclame sonne avec un éclat retentissant, il faut qu'elle répète coup sur coup et d'une manière infatigable, il faut qu'elle se propage en tous lieux. Quant à ses moyens et instruments, la diversité en est telle qu'il ne faut pas songer à les énumérer ; chaque profession israélite a les siens : le financier, le marchand, le médecin lui doivent chacun leurs plus beaux succès et la meilleure partie de l'or qu'ils se ramassent (1).

Dès le premier contact avec les Israélites, l'ambitieux politique discerne cette puissance. Il en devine plus ou moins le mauvais aloi. Mais il est si agréable d'être prôné, de pro-

____

(1) Voir dans *Josué* (ch. vi) la prise de Jéricho. L'or et l'argent affluent en telle quantité dans les mains d'Israël, grâce aux miracles de la réclame, dont la prise de Jéricho est le symbole, qu'on les consacre à l'Éternel.

gresser dans l'opinion publique, d'entendre son nom dans toutes les bouches, de devenir une célébrité de première marque. Puis, la réclame israélite fera pour lui le travail des années ; il n'aura pas à se consumer en efforts épuisants, à ronger son âme dans le supplice de l'attente, à désespérer d'un avenir qui se dérobe comme un mirage, s'évanouit pour renaître et renaît pour s'évanouir. Comment résister à la tentation, s'il n'a pas une vertu surhumaine ?

On pourrait lui dire sans doute : « Prenez garde aux engagements que vous allez contracter. Défiez-vous aussi des succès prématurés. Les années pénibles que vous redoutez sont peut-être nécessaires pour mûrir votre raison et tremper votre caractère. Vous arriverez plus tard, mais vous arriverez complet, et sans porter sur vous la tare de la réclame juive. »

Écouterait-il ces avertissements ? Selon toute probabilité, il ne serait plus temps, les vapeurs capiteuses de la flatterie auraient déjà fait passer devant ses yeux des rêves de domination, et ces rêves, il les verrait marcher à leur réalisation. Sous l'action de la réclame juive, sa réputation grossirait comme un ballon qui se gonfle ; et lui, émerveillé, considérerait cette réclame comme la trompette de la vérité et comme la providence des grands hommes. D'ailleurs, elle est si ingénieuse à le lui persuader ! Non seulement elle n'oublie rien, mais tout ce qu'elle touche, elle le pare et le métamorphose. Éloquence, caractère, génie, elle revêt son homme de tous les attributs divins. Il monte rapidement, il ne voit plus la terre... La descente et le dégonflement s'opéreront plus rapidement encore.

3° Les services d'argent. — La flatterie et la réclame forment deux chaînes difficiles à briser ; les services d'argent viennent en ajouter une troisième plus solide encore ; car les Juifs sont trop expérimentés pour ne pas la forger dans toutes les règles de l'art.

Il faut des fonds pour créer un journal ; les
capitalistes juifs font les avances nécessaires.
Il faut subvenir aux dépenses d'une élection ;
l'homme des Juifs a de l'argent. Il lui faut
vivre convenablement en attendant le pouvoir;
ses besoins sont devinés et soulagés.

Aussi le protégé des Juifs les regarde-t-il
comme ses amis les plus chers, bien mieux,
comme des frères. Il les affiche, étale avec os-
tentation son intimité avec eux, et, l'assaut du
pouvoir effectué, leur livre tout du meilleur
cœur, depuis la finance jusqu'à la diplomatie.
Gouverner avec les Juifs, par les Juifs et pour
les Juifs, semble le premier article de son pro-
gramme. Leur désespoir sera la consolation de
sa chute et il mourra dans leurs bras.

XXX

COMMENT LES JUIFS PERDENT LES HOMMES ET LES PARTIS POLITIQUES

Pourquoi les Juifs perdent-ils infailliblement les hommes et les partis qu'ils dominent?

On pourrait à cette question substituer celle-ci : Comment ne les perdraient-ils pas? Car, s'ils ne les perdaient pas, les effets ne répondraient plus aux causes, les lois de la société et de l'intelligence humaine seraient bouleversées.

Les Juifs perdent l'homme politique qu'ils dominent :

Parce que cet homme est nécessairement
12

incomplet, d'une raison inférieure, ouvert aux influences malsaines. Doué d'un jugement profond, inabordable à la flatterie, incorruptible, il ne se fût jamais laissé circonvenir par eux, et les Juifs, abhorrant ceux qui les connaissent, ne se fussent pas faits ses admirateurs.

Parce que, fût-il capable de devenir un homme d'État digne de ce nom, l'homme tombé dans les mains des Juifs préfère irrésistiblement les prestiges sémitiques aux réalités sévères du génie aryen. Au lieu de développer sa pensée, il cultive les arts de supercherie, l'attraction sympathique, l'aplomb fascinateur, le charlatanisme d'ironie; il s'adonne aux manœuvres de l'intrigue, aux pratiques de la mise en scène, aux effets de théâtre, au détriment du sérieux et du vrai ; enfin, ivre d'encens et d'adulations, il s'abandonne à un délicieux vertige et finit par se croire un être d'une espèce transcendante.

Parce que toute grandeur politique dont les Juifs sont les artisans porte dans son sein un germe de mort. La raison publique, séduite, n'est pas supprimée. Elle a, cette raison, des profondeurs inaccessibles où le Sémitisme ne peut jamais l'atteindre. Là se prépare une réaction, là ce personnage que la presse israélite exalte a un juge silencieux et triste. Au milieu des acclamations, les doutes, les réflexions pénibles traversent les consciences ; l'odeur de la réclame et le mauvais entourage inquiètent, les hommes d'un caractère indépendant s'éloignent, les symptômes d'un froid mortel se manifestent, et, par une désillusion subite, le faux roi de l'Olympe retombe à terre. Ah ! cette société aryenne pour laquelle le Sémitisme professe tant de mépris, elle n'est pas si aveugle ! Elle permet bien aux financiers juifs de la traire et de la tondre, elle ne permettra jamais aux politiciens israélites de la gouverner ni de lui choisir ses grands hommes.

Les causes qui rendent si funeste aux hommes politiques l'influence des Juifs agissent de même sur les partis tombés sous leur direction.

Non seulement ces partis sont forcément dépourvus des vertus essentielles à un grand parti politique, mais en acceptant l'hégémonie juive, ils s'en rendent l'acquisition à jamais impossible. Sous l'influence juive, la science gouvernementale y dépérit pour faire place aux arts de décadence, aux pétulances des exploiteurs, aux coalitions des intrigants, aux effronteries des réclamiers. Une fois lancée dans cette voie, la vie politique n'est plus qu'un moyen de faire fortune en gardant les apparences, ou même en ne les gardant pas. Arrivé pauvre et maigre, on en sort riche et gras ; le décavé d'il y a dix ans paye ses dettes et marie sa fille ; au lieu d'attendre la visite des huissiers, il encaisse des coupons. Et malheur à qui révoquerait en doute son honnêteté ! Il serait foudroyé par la presse juive et déféré aux tribunaux.

N'est-ce pas là une nécessité fatale ? Conçoit-on un parti dirigé par les Juifs où régneraient les vertus romaines ? Comment des âmes dévorées par la soif de l'or produiraientelles les miracles du dévouement civique ? L'Israélite dans la politique, c'est le marchand dans le temple, c'est la spéculation, avec sa rapacité insatiable, maîtresse de la chose publique. Or, s'il y a une sphère où le mercantilisme ne doive jamais pénétrer, c'est la politique. Dès qu'il s'y introduit, tout se dissout et se dégrade, toutes les idées supérieures de la vie publique se corrompent, toute direction devient impossible, toute conviction noble est livrée à la dérision.

A quel degré d'abaissement une grande nation peut alors descendre ! Des êtres dégénérés se déchirant aujourd'hui pour se raccommoder demain, tantôt s'arrachant le pouvoir, tantôt l'exploitant en commun, prostituant leur influence, spéculant dans les sociétés, agiotant à la Bourse, tripotant avec les fournisseurs, trafiquant même des places et des décorations, voilà le spectacle qu'elle se donne à elle-même et à l'univers. Son indignation grandit chaque jour, sa colère gronde. Et partout l'infiltration

12.

israélite fait des progrès; partout cette infiltration procède avec méthode, en vue d'envahissements ultérieurs ; chaque conquête est la préparation d'une plus considérable, de même que chaque colonie phylloxérique constitue un nouveau foyer d'expansion. On peut calculer mathématiquement l'heure où le Gouvernement et l'Administration seront entièrement sémitisés. Jérusalem va prendre sa revanche sur Rome. Mais non, ne vous effrayez pas, regardez seulement! Le parti dont les Juifs sont l'âme croule dans la fange. Entendez-vous les cris de désespoir, les pleurs et les grincements de dents ?

LIVRE CINQUIÈME

———

LE JUDAÏSME ET LA FRANCE

LE JUDAÏSME ET LA FRANCE

XXXI

MISSION HISTORIQUE DU JUDAÏSME

Quelle est la mission historique du Judaïsme? Quelle est la mission historique de la France en face du Judaïsme? Quels sont et doivent être les rapports de la France et du Judaïsme?

Le Judaïsme s'attribue une mission folle et absurde, celle de dominer le monde, mais n'en avoue pas une autre, plus réelle et mieux appropriée à son génie.

Cette mission consiste à se faire l'auxiliaire de toutes les invasions. Après comme avant l'ère chrétienne, il l'a fidèlement remplie. Coopérateur de l'invasion perse à Babylone, complice assidu des invasions musulmanes en Asie, en Afrique, en Europe, serviteur de l'invasion anglaise en France lors de la guerre de Cent Ans, aujourd'hui agent de l'invasion allemande dans le monde entier, le Judaïsme a pour principe éternel de se mettre à la solde de tous les débordements ethniques et de leur faciliter les voies.

Il n'y a que trop bien réussi. Sa souplesse cosmopolite, ses talents d'espionnage (1), son génie de haine et de trahison l'ont fait figurer en première ligne dans les grandes invasions

(1) Le Sémitisme carthaginois excellait déjà dans l'art de l'espionnage. (V. Mommsen, *Histoire Romaine*, traduction française, t. III, p. 125.)

Son armée d'espions (il en avait jusque dans Rome, dit M. Mommsen en parlant d'Annibal) le tenait au courant de tous les projets de l'ennemi.

On voit aussi dans Plutarque (*Vie de Fabius*) qu'Annibal avait la prétention d'influencer l'opinion publique à Rome.

historiques. S'il ne les a pas toutes fomentées, toutes ont obtenu son concours ; il n'a pas attendu qu'on le lui demandât, il s'est empressé de l'offrir, et l'envahisseur a bien vite reconnu l'immensité des services qui lui seraient rendus.

Rien ne saurait donner une idée plus exacte du rôle du Judaïsme dans les invasions que la méthode d'insinuation décrite dans la Bible. Les Israélites, pour s'emparer d'une ville, avaient recours, comme on le voit dans le *Livre de Josué* (ch. ii), à des hôtelières qui les hébergeaient en secret. L'armée du dehors avait ainsi des espions dans la place; elle savait où et comment elle devait attaquer. Le Judaïsme, complice d'une invasion, ressemble à ces hôtelières; il la prépare, lui donne secrètement asile, lui sert d'informateur, propage et entretient les erreurs que l'envahisseur a intérêt à répandre, flatte les illusions, endort la vigilance, pousse aux résolutions funestes, rend en un mot à l'invasion les services les plus abominables et, hélas! les plus utiles, ceux de la ruse et de la perfidie.

Le danger pour le peuple menacé par ce travail occulte est en raison de son ignorance. Bien renseigné, sachant ce qui se passe au delà de ses frontières, ne se laissant pas aller à une confiance enfantine, ni duper par des protestations d'attachement, il peut y parer à temps. Mais, malheur aux nations crédules et insouciantes! Malheur à celles qui, tout en soupçonnant le mal, n'en connaissent pas la profondeur ou ne prennent pas à temps, d'une manière complète, les mesures nécessaires! Le sort de l'Espagne, conquise par les Musulmans avec l'aide des Juifs, leur est réservé (1). L'histoire, trop souvent, ne fait que se répéter; et, trop souvent aussi, ses enseignements ne servent à rien. On ne voit la pente fatale que lorsqu'on est au fond du gouffre.

(1) Gibbon. (*Histoire de la chute et de la décadence de l'Empire romain*, ch. LI.)

Weil. (*Geschichte der Chalifen*. Mannheim, 1846-62, t. Ier, p. 517, 527 et 528.)

Dozy. (*Histoire des Musulmans d'Espagne jusqu'à la conquête de l'Andalousie par les Almoravides*. Leyde, 1861-62.)

M. Weil, savant israélite, n'a pu déguiser la participation active des Juifs à l'invasion musulmane en Espagne. La prise de Tolède, notamment, fut due à leur trahison.

Avant même l'invasion musulmane et comme s'il la pressentait, le Judaïsme espagnol éprouvait une fermentation ambitieuse. Déjà il méditait de constituer l'Espagne en État juif.

« Vers l'année 674, dit M. Dozy (t. II, p. 27-28) dix-sept ans avant que l'Espagne fût conquise par les Musulmans, ils projetèrent un soulèvement général avec leur coreligionnaires de l'autre côté du Détroit, où plusieurs tribus berbères professaient le Judaïsme et où les Juifs, exilés d'Espagne, avaient trouvé un refuge. La révolte devait probablement éclater sur plusieurs points à la fois, au moment où les Juifs d'Afrique seraient débarqués sur les côtes de l'Espagne ; mais avant le moment fixé

13

pour l'exécution, le gouvernement fut averti du complot. Le roi Egica prit aussitôt les mesures commandées par la nécessité ; ensuite, ayant convoqué un concile à Tolède, il informa ses guides spirituels et temporels des coupables projets des Juifs, et les pria de punir sévèrement cette race maudite. Après avoir entendu les dépositions de quelques Israélites, d'où il résultait que le complot ne tendait à rien moins qu'à faire de l'Espagne un État juif, les évêques, frémissants de colère et d'indignation, condamnèrent tous les Juifs à perdre leurs biens et leur liberté. »

Si les espérances juives ne se réalisèrent pas entièrement, elles ne furent pas non plus déçues. Le Judaïsme, à la faveur de la domination arabe et berbère, eut en Espagne une période de prospérité sans égale. Grenade fut appelée la *ville des Juifs ;* et, pendant une suite d'années, sous les règnes des rois Habbous et Bâdis, le Judaïsme, par les mains de Samuel-ha-Levi, y eut la direction absolue des affaires publiques.

M. Dozy (t. IV, p. 33) trace ainsi le portrait de ce homme d'État :

« Comme homme d'État, il joignait à un esprit vif et lucide un caractère ferme et une prudence consommée. D'ordinaire — qualité précieuse chez un diplomate — il parlait peu et pensait beaucoup. Il profitait de toutes les circonstances avec un savoir-faire merveilleux. Il connaissait le caractère et les passions des hommes, et *les moyens de les dominer par leurs vices*. De plus, il était homme du monde. Dans les magnifiques salles de l'Alhambra, il se montrait si parfaitement à son aise qu'on l'eût cru né au sein du luxe. Personne ne parlait avec autant d'élégance et d'adresse, *ne maniait mieux la flatterie*, ne savait avec plus d'art être *caressant ou familier dans le discours*, entraînant par sa verve ou persuasif par ses arguments... »

Le Judaïsme moderne se rappelle avec complaisance cette époque et paraît s'en exagérer les splendeurs, surtout au point de vue intellectuel. En tout cas, ces souvenirs et celui de son expulsion au XVI° siècle ont gravé dans son cœur une haine mortelle pour l'Espagne chrétienne. On a vu cette haine éclater lors de l'affaire des îles Carolines. La presse israélite allemande écrivit des articles horribles. Ceux de la *National Zeitung* de Berlin, traduits en espagnol, firent bouillir le sang de la généreuse nation. Heureusement, le grand homme que l'Allemagne a à sa tête n'entend pas être l'instrument du Judaïsme; il ne se laissa pas entraîner

à une guerre insensée, et. à la déception des Juifs,
profita de l'occasion pour donner à l'homme admirable qui occupe le trône pontifical une marque
éclatante de respect.

XXXII

MISSION HISTORIQUE DE LA FRANCE EN FACE DU SÉMITISME

Entre la France et le Judaïsme, ou, plus généralement, entre la France et le Sémitisme, existe un antagonisme irréconciliable. La France occupe, dans l'Europe moderne, le sommet du monde gréco-latin, c'est-à-dire de tout ce qu'il y a de plus incompatible avec le Sémitisme. Elle est, sous ce rapport, la continuatrice de la Grèce et de la Rome antiques.

La Grèce s'est constituée par le refoulement

(1) Voir l'*Histoire grecque*, d'Ernest Curtius (trad. franç. de M. A. Bouché-Leclercq), t. I⁵, p. 48 et suiv. :

« En général, dit l'historien allemand, les tribus

du Sémitisme phénicien (1). Rome doit l'Empire universel à son duel à mort avec le Sémitisme carthaginois (1). La France, enfin, ne pourrait pas retrancher de son histoire ses luttes contre le Sémitisme, sans en effacer les pages les plus

apparentées de près ou de loin avec les Grecs sentaient très vivement la diversité de race et montraient une antipathie profonde pour les Phéniciens, qui étaient signalés dans tout l'Archipel comme les artisans de violences et de mensonges. Être parent avec eux était regardé comme une tache, et l'on reproche amèrement à Hérodote d'avoir osé donner à des familles grecques des ancêtres phéniciens. »

La Grèce primitive, comme on le voit dans Hérodote (*Clio*), a beaucoup souffert des enlèvements de jeunes filles et de jeunes gens par les Phéniciens, qui étaient les proxénètes de l'Orient. Le Sémitisme continue la même industrie. Serait-il inutile d'ouvrir à Paris, Londres, Vienne, Saint-Pétersbourg, Varsovie, Bucharest, Constantinople, New-York, etc., une vaste enquête sur le proxénétisme juif ?

(1) Polybe. L. I, ch. xiv.

importantes et sans cesser de se comprendre elle-même.

Si. au VIII° siècle, la France n'eût pas repoussé l'invasion musulmane, dont le Judaïsme se faisait partout l'associé, les destinées de l'univers eussent été changées. Le Sémitisme, vainqueur à Poitiers, eût étendu sa domination sur le reste de l'Europe et la civilisation européenne, cette civilisation si variée, si riche, qui. de siècle en siècle, a de nouvelles floraisons, où chaque nation, l'Italie, la France, l'Angleterre. l'Allemagne, a sa place et sa gloire, eût été étouffée dans son berceau, et le nervosisme musulman, doublé du Judaïsme, eût pris sa place.

A la fin du XI° siècle, la France se mettait de nouveau, par une initiative hardie, à la tête de la lutte antiasiatique. C'est à la pensée française, comme au courage français, qu'est principalement dû le prodigieux mouvement des Croisades. mouvement qui a replacé la France, éclipsée un moment par l'Empire d'Allemagne.

au premier rang des nations européennes. Il
y aurait une impiété nationale à rapetisser ces
grands souvenirs.

Mais le Sémitisme ne se repose jamais.
Attaqué en Asie, il avait fait en Europe, par
une propagande habile, d'invisibles progrès.
Cent ans après la première Croisade, le midi
de la France, sous le courant des influences
juives et musulmanes, s'était sémitisé. L'horrible plaie de la magie, cette reine des dégé-
nérescences cérébrales, exerçait partout ses
ravages. Le génie même de la France était
menacé ; car, vouée à la cupidité, au mensonge,
à la haine, à la vengeance, la France n'existe-
rait plus, elle serait une expression géogra-
phique, une force politique plus ou moins considérable, mais on ne parlerait plus d'elle avec
amour. Il fallait, sous peine de déchoir, qu'elle
réagit. Le grand et terrible drame de la guerre
albigeoise a été ainsi une des phases de cette
lutte éternelle contre le Sémitisme, qui semble
être un des fondements de sa destinée historique.

Un siècle s'était à peine écoulé, qu'une nouvelle lutte commençait. Le Judaïsme, avec ses aptitudes envahissantes, était parvenu à faire la conquête de la France ; les propriétés passaient en masse dans les mains des Juifs ; les nobles, intéressés à leurs spéculations frauduleuses, les favorisaient ; leurs exactions, leurs usures, leurs crimes, restaient impunis : déjà, directement ou indirectement, ils s'emparaient du pouvoir, et peu à peu le Gouvernement tombait sous leur dépendance. La réaction était inévitable : elle fut cruelle et sanguinaire. La France ne s'en rappelle plus ; mais le Juif ne l'a pas oubliée : les souvenirs de cette lutte affreuse sont vivants dans son âme comme s'ils étaient d'hier.

Bien imprudentes sont les nations qui oublient ! Au lieu de se repaître des formules de 1789, les Français feraient mieux d'étudier leur histoire. Ils verraient les scènes sanglantes, les femmes juives égorgeant leurs propres enfants plutôt que de les laisser christianiser (1)..... La France, chimérique, idéaliste, a pardonné au Judaïsme; le Judaïsme ne lui pardonnera jamais. Quelques âmes d'élite franchiront peut-être l'abîme. Mais le Judaïsme lui-même, avec ses passions éternelles, le Judaïsme, qui a, dans son calendrier, trois solennités pour maudire Rome victorieuse de Jérusalem (2), est et doit rester l'ennemi de la France; il peut exploiter sa protection, il peut chercher à la dominer, il ne cessera jamais de la haïr.

(1) Sismondi. (*Histoire des Français*, t. IX, p. 400-401.)

(2) 10 du mois de Tebeth, siége de Jérusalem; 17 du mois de Tamouz, prise du Temple; 9 du mois de Ab, destruction du Temple.

XXXIII

La France est ainsi, pour les haines du
Judaïsme, un pays d'élection. D'autres causes,
également historiques, viennent encore acérer
cette haine. Nulle part le Judaïsme n'a conçu
des espérances plus ardentes et ne les a vues
marcher plus rapidement à leur réalisation ;
nulle part il n'a éprouvé des déceptions plus
inattendues et subi de plus éclatantes défaites.
La droiture et la générosité françaises lui
ont permis de tout envahir ; la clarté, la décision de l'esprit français l'ont subitement
arrêté. L'ignorance française a été facile à sur-

prendre ; la raison française, éclairée, a réagi avec une force indomptable.

L'image propre à exprimer la destinée du Judaïsme en France est fournie par la légende. On raconte que les Juifs, ayant obtenu d'un empereur romain la permission de reconstruire le Temple de Jérusalem, se mirent à l'œuvre. Déjà les fondements de l'édifice étaient jetés ; mais les flammes, sortant de terre, dévorèrent les travaux et les ouvriers. De même, en France, le Judaïsme a poursuivi l'entreprise gigantesque de la reconstruction du Temple ; il s'est vu en imagination maître de la France, et, de la France, dominant le reste de l'univers. Un avenir mille fois plus grandiose que celui de la Jérusalem antique s'est ouvert devant ses yeux. Mais soudain, le sol s'est entr'ouvert et des flammes dévorantes ont tout consumé.

Les passions du Judaïsme à l'égard de la France peuvent se définir par une double formule : une haine profonde et une idée fixe de domination.

Le Judaïsme hait la France de toute l'immensité des défaites qu'il y a subies. Il la hait parce qu'il avait rêvé d'en faire sa chose et le foyer de sa domination universelle et que ce rêve s'est écroulé. Il la hait parce que sa chute en France a exercé une influence décisive sur ses destinées en Europe et que la France, obligée de le frapper, a apporté dans cette œuvre cruelle l'ascendant de sa pensée et l'autorité de son génie. Il la hait enfin, parce que, chez lui, les craintes de l'avenir décuplent les ressentiments du passé et que, dans cette France subjuguée à la surface, il aperçoit des abîmes de volonté et redoute des explosions d'énergie, capables de retentir aux extrémités du monde.

C'est pourquoi il veut absolument la dominer, persuadé que, maitre de la France, il ne rencontrera plus d'obstacle. Puisque, dans le vaste groupe des nations européennes, auquel se rattachent aujourd'hui les États-Unis et l'Amérique hispano-portugaise, en même temps que l'Empire russe en occupe l'Orient et prolonge l'Europe aux confins de l'Asie, la France joue le rôle de cœur et de cerveau, il faut, pour dominer l'Europe et le monde, dominer la France.

Le Judaïsme ne fait donc que se conformer aux nécessités géographiques et historiques en s'efforçant d'y établir sa suprématie. Briser la barrière que la France oppose à sa domination est pour lui une nécessité suprême. Si cette tentative est insensée, si elle vient se heurter contre une loi supérieure, l'ambition du Judaïsme rend au moins hommage à la mission et au génie de la France. Le Judaïsme sait bien qu'il ne sera jamais français; il devrait en conclure que la France ne sera jamais juive.

XXXIV

Quel rôle a joué le Judaïsme dans l'expansion germanique? Quelle influence a-t-il exercée sur le développement et le caractère des passions antifrançaises en Allemagne? Quels services a-t-il rendus à la politique prussienne et allemande?

Ce vaste sujet peut à peine être effleuré ici. Mais, à défaut d'une esquisse générale, les indications qui vont suivre appelleront peut-être l'attention du public français sur ces graves questions.

Le rôle du Judaïsme en Allemagne a été essentiellement celui d'excitateur infatigable de la haine. En Allemagne, hors de l'Allel'Allemagne, dans les pays limitrophes, dans toutes les contrées des deux hémisphères où il pullule, le Juif allemand a mis sa langue et sa plume au service de l'Allemagne et déchiré la France avec un incroyable acharnement. De la caricature à la calomnie, il n'est pas d'arme venimeuse qu'il n'ait employée. Ce qui caractérise surtout cette guerre, c'est une ardeur et un feu dévorants, une passion effrénée d'invectives et d'outrages, une rage d'inventer, chaque jour, une nouvelle injure, de faire du moindre incident un nouveau thème d'attaques, et en même temps, une ingéniosité perfide, une fécondité inépuisable de malice, une adresse consommée pour donner aux choses les plus fausses ou les plus violentes un air convaincu et même spirituel.

Que ces calomniateurs juifs sont redoutables! Ils déblatèrent avec un aplomb superbe, un brio dramatique, un accent d'autorité qui impose et entraîne, et comme ils savent parler aux mauvais instincts! Maîtres de leur voix, ils ont l'intuition de la passion haineuse et peuvent lui parler directement comme à un être avec lequel ils seraient, par leur nature, en communication intime.

Infinie comme le monde, la calomnie juive allemande a toutes les cordes et tous les venins; sur toute chose elle a, en magasin, des formules prêtes, des dogmes insolents, des mots injurieux, des inflexions outrageantes, et tout, dans sa bouche, est vivant, plein d'élan et de feu. Qu'il s'agisse de dénigrer la France dans sa littérature ou dans ses grands hommes, de travestir son rôle dans l'histoire ou de lui imputer des projets odieux d'agression contre les nations voisines, elle ne cesse pas d'agir et de vomir. Et telle est sa puissance de répétition, son audace, son fracas sonore, qu'on l'écoute et la croit. Ce qu'elle a de bas, d'ignoble, d'abject, de pervers, d'exécrable, ne s'aperçoit qu'avec lenteur et lorsqu'elle a produit ses effets d'une manière irréparable.

En face de l'Allemagne, la France ne doit

jamais oublier qu'elle a deux adversaires à combattre : l'élément germanique proprement dit, et l'élément sémitique, étroitement unis dans un même but. La France, conquise par les armées allemandes, serait certainement la proie des Juifs ; elle aurait le sort de la Grèce écrasée par le Turc et dépouillée par le Juif. Tel est le danger qui la menace et sur lequel toute illusion lui serait fatale.

Pour en mesurer la gravité, il lui suffit d'interroger le passé. Deux fois dans l'histoire romaine, lors de la seconde guerre punique et lors des guerres contre Mithidate, on vit cette association de l'astuce asiatique et de la vigueur barbare. Rome appela *sa terreur* ceux qui avaient su diriger contre elle ces forces combinées. Mais, aussi clairvoyante qu'héroïque, elle les étudia et les brisa; ni la perfidie asiatique ni le courage barbare n'arrêtèrent le cours de ses destinées. Aujourd'hui, que la France sache bien que, pour vaincre l'Allemagne, il lui faut approfondir le Juif !

XXXV

LA CALOMNIE ISRAÉLITE ALLEMANDE ET LES ERREURS FRANÇAISES

L'entrée en campagne de la calomnie juive allemande contre la France ne date pas d'hier. Dès le milieu du XVIII° siècle, elle paraît avoir pressenti un grand rôle à jouer. Quelle influence les fréquentations sémitiques ont-elles exercée sur le célèbre Lessing? Dans quelle mesure s'est-il inspiré des passions israélites dans la création de ce système savant et méthodique de dénigrement auquel il a soumis la France et le génie français? Il y a là une question de psychologie historique de la plus haute importance.

En tout cas, s'il y a eu en Allemagne de grands et ardents calomniateurs de la France qui n'étaient pas Juifs et n'avaient aucune affinité avec les Juifs, le Judaïsme a marqué son empreinte sur la calomnie allemande ; il lui a fourni une armée disciplinée, dressée à toutes les manœuvres de la calomnie, toujours prête à combattre, ne battant en retraite que pour mieux reprendre l'offensive, procédant un jour par des marches obliques, le lendemain par des surprises audacieuses, feignant, s'il le faut, une impartialité hypocrite, affectant même la sympathie pour la France, capable surtout (en vertu des communications suggestives) d'agir sur une foule de points éloignés les uns des autres avec l'ensemble et la simultanéité d'une armée de précision, et ne manquant jamais, bien entendu, d'imputer aux Français le vice infâme de la calomnie et de l'outrage.

Cette calomnie juive allemande a exploité comme une mine inépuisable le portrait travesti du Français, qui a cours depuis plus de cent ans en Allemagne. D'après ce portrait, le Français est un être incomplet, borné, crédule, amateur puéril de distinctions, préférant la jolie banalité à la science, n'ayant en littérature que le goût de la fausse élégance et de la rhétorique, et, en politique, voué aux charlatans et aux chimères; il ignore la géographie et les langues étrangères; une horrible maladie d'esprit le possède, le « Chauvinisme »; cette maladie lui fait croire qu'il dirige et illumine le monde, que la France est la nation des nations, que tout gravite autour d'elle, qu'on lui doit de toutes parts l'admiration et le respect et qu'elle n'en doit à personne; il n'est pas possible à un Français d'échapper à cette maladie, il en est toujours plus ou moins atteint, c'est-à-dire toujours un homme bête et ridicule. Si la conclusion des calomniateurs allemands n'est pas aussi formelle, le fond de leur pensée n'est jamais douteux.

Qu'y a-t-il de vrai dans ce portrait? L'affreuse caricature aurait été moins dangereuse

si elle n'eût emprunté à la vérité certains traits
pour les grossir outre mesure. La France,
hélas ! n'a pas assez écouté ce qui se disait
au delà de ses frontières ; elle n'a pas suivi,
comme elle aurait dû le faire, le travail de
démolition de son caractère national ; elle n'a
pas compris qu'avec l'époque nouvelle, inau-
gurée à la fin du xviii° siècle, il fallait que l'intelligence française se métamorphosât et que
le culte de la science universelle prît la place
des enthousiasmes littéraires Il y a longtemps
que l'on eût pu prédire les défaites de 1870 ; il
y a longtemps aussi que l'on eût pu annoncer
comme inévitable la défaite de la science française par la science allemande. Si les étudiants
de tous les pays se dirigent aujourd'hui vers
Berlin, Heidelberg ou Leipzig au lieu de venir
à Paris, on peut hardiment jeter à la face des
savants français le reproche de n'avoir pas su
tenir le drapeau de la science nationale.

Gloire soit rendue à ceux qui l'illustrent et
qui prouvent, par leurs grands travaux, que la

science française, momentanément éclipsée, est prête à renaître et à ressaisir son prestige !

Non seulement la France n'a pas su entendre les critiques amères et dégager des exagérations quelques vérités précieuses. Elle a commis une faute plus grave, celle d'écouter des éloges perfides. Depuis longtemps, il est de mode, à l'étranger, de célébrer la clarté de l'esprit français : les Français n'ont pas de génie, mais de l'ordre, du goût, de la netteté ; ils savent arranger ce que l'Allemand ou l'Anglais découvre ; ils sont ainsi les détaillants, les boutiquiers de l'intelligence anglo-allemande ; celle-ci, comme le dit quelque part insolemment Macaulay, est Moïse, c'est-à-dire l'inventeur, et la France est Aaron, c'est-à-dire le metteur en œuvre.

Cette adorable perfidie n'a trouvé nulle part d'oreilles plus complaisantes qu'en France. Les Français se sont mis à célébrer unanimement leur clarté d'esprit, leur bon sens, leur art d'habiller avec goût les idées venues de l'étranger, abandonnant ainsi les hautes régions de la pensée. Et ils s'étonnent que les autels de la science française soient désertés. qu'on aille suivre les cours de l'Université de Berlin ! Cependant, y a-t-il jamais eu entre la cause et l'effet une relation plus immédiate ? Abdiquer l'initiative hardie, l'effort créateur incessant, la découverte infatigable, la recherche même aventureuse, pour tomber au rang d'arrangeur et de vulgarisateur, c'est proclamer sa déchéance intellectuelle et s'exposer à se voir rayer de la liste des nations scien tifiques.

XXXVI

LA LUTTE

La lutte contre la calomnie juive et allemande est d'autant plus difficile, qu'elle exige,
dans le caractère et l'esprit français, une véri-
table transformation. Se comporter, en face
d'un tel ennemi, comme la France du xviii° siècle en face de la politique anglaise et prussienne, c'est marcher à la ruine. Et il ne suffit
pas d'apercevoir plus ou moins le danger, ni
de le combattre par d'estimables efforts; il faut
le mesurer en tous sens, se familiariser avec
des méthodes de guerre dont l'étude répugne
à l'âme française et opposer à la haine savante
une sagacité énergique.

Le Français de l'ancienne école a fini son temps et doit, surtout dans la vie nationale extérieure, être remplacé par un autre, moins agréable peut-être, mais bien autrement solide de tête et de volonté. Celui-ci, mettant de côté les illusions généreuses, ne craindra pas d'apprendre tout ce qu'un Français, soucieux de l'avenir de son pays, a intérêt de savoir. Il sera renseigné à fond sur les choses étrangères, il étudiera les langues vivantes, il fuira comme une peste la boulevarderie, et ne se croira pas un phénix lorsqu'il saura débiter gravement une enfilade de phrases bien ordonnées et bien peignées.

Il est si facile de réussir à bon marché en France! Avec un maintien d'homme supérieur et une phraséologie harmonieuse, que ne peut-on pas! Mais, trop souvent, le personnage, examiné à l'étranger, a été bien vite percé à jour, et l'on s'est demandé comment les Français le prenaient au sérieux.

Il est triste aussi de voir avec quelle facilité

mélancolique les Français acceptent parfois
certaines supériorités étrangères, au lieu de
réagir avec vigueur pour reprendre leur rang.
César, dans ses *Commentaires*, a peint les
Gaulois tombés dans cet état honteux en face
des Allemands. Ils n'osent plus même, dit-il,
se comparer à eux. Eh bien! le Français qui
recule devant certaines études, telles que celle
des langues étrangères, et qui, pour se disculper, ose dire : « Nous ne sommes pas faits pour
l'étude des langues étrangères, » est au même
point. Mais il ne sait donc pas, ce Français,
que les premiers mots de turc ou de chinois,
sortis d'une bouche allemande, sont une
calomnie à l'adresse de la France ? Mais,
fallût-il des miracles d'énergie pour effacer
une infériorité pareille, humiliante au suprême
degré et pleine d'inconvénients pratiques, il
faudrait les accomplir ! Le Français qui se
résigne à la supériorité intellectuelle de l'Allemand, du Juif allemand, de l'Anglais, de
l'Italien, n'est plus qu'un homme déchu; en

tout cas, il connaît bien mal son pays et ne
sait pas que le jour où la France n'est plus la
première, elle n'est pas loin d'être la dernière.

A l'étranger, le Français ne saurait trop
veiller sur lui-même. On y guette ses illusions
naïves et ses ignorances invraisemblables. La
calomnie juive et allemande a fait aux étrangers, sous ce rapport, une éducation spéciale,
et il ne faut pas oublier qu'elle est partout. Le
Français ne saurait s'armer, contre cette enne-
mie implacable, de trop de défiance et de
circonspection. Toujours sur ses gardes, il doit
être prêt à tout moment à lui tenir tête, à
opposer système à système, théorie à théorie,
mépris à mépris. S'il reste trop sur la défen-
sive et ne prend pas à l'occasion l'offensive, on
spéculera sur sa politesse exagérée pour lui
lancer l'insulte à la figure, et, s'il se formalise,
on fera l'étonné et on l'accusera d'inconve-
nance. Qu'il soit, en règle générale, froid et
silencieux, mais qu'il sache au besoin se servir
de la verge d'acier et brûler avec le fer rouge.

Dans cette lutte, le premier rôle appartient aux savants français. Ceci demande quelques explications. La calomnie allemande et juive est la science organisée en calomniatrice. Il faut donc que la science française se place au même point de vue que l'armée française en face de l'armée prussienne, qu'elle se purifie de toutes ses lacunes, qu'elle se soumette à une discipline rigoureuse, que, débarrassée de l'usé et du pourri, elle devienne un chef-d'œuvre d'organisation, et que, prenant à l'étranger une initiative énergique, elle poursuive sans relâche l'élimination de cette science allemande qui a tout envahi. Il y a là un travail herculéen à accomplir; reconquérir les universités belges sur les docteurs allemands et juifs allemands, qui germanisent la Belgique, est déjà une tâche de géant; et cependant il faut l'entreprendre, sous peine de voir un jour la Belgique, entièrement rattachée à l'Allemagne, lui servir de point d'attaque contre la France, de même qu'il y a cinq siècles

et demi, la Flandre a servi de porte et de base
d'opérations à l'invasion anglaise. La France
oublie trop souvent son passé; qu'elle n'oublie pas sa géographie!

Les savants et penseurs français qui ne
reculeront pas devant les difficultés formi-
dables de cette tâche mériteront grandement
de leur patrie, et la postérité leur sera recon-
naissante d'avoir préféré les labeurs d'une
lutte glorieuse aux flagorneries d'une réception académique ou aux fumées d'un banquet
à l'*Hôtel Continental*.

XXXVII

LA PRESSE ISRAÉLITE ALLEMANDE

Nommer la presse israélite allemande, c'est désigner ce qu'il y a de plus juif dans l'univers. L'âme comme l'esprit, les passions comme le style, tout y est juif, tout y distille l'emphase injurieuse et la méchanceté.

Cette presse occupe une place considérable dans le développement politique de l'Allemagne contemporaine. Sa propagande a grandement contribué au travail de prussification, et la politique prussienne n'a pas eu de meilleur agent. Elle s'est principalement attachée à surchauffer les passions des Allemands, à porter leur haine contre la France à un degré auquel la haine n'a jamais atteint, à faire passer dans l'âme allemande les trésors de fureur et de vengeance qui couvent depuis des siècles dans l'âme juive.

Le mal a des ailes, a dit Voltaire. Jamais œuvre de ténèbres n'a été couronnée d'un tel succès. Quel homme pourra jamais l'embrasser dans son entier? Dans ses ouvrages si remarquables sur la politique et la guerre franco-allemandes, M. Rothan a souvent retracé, avec une sagacité lumineuse, le rôle de cette presse et l'art infernal de ses calomnies, si bien combinées avec les manœuvres de la diplomatie. Derrière le langage discret de l'éminent diplomate, on aperçoit une horreur intime. Et quel homme ne l'éprouverait! Si les Français, au lieu d'ignorer l'allemand, avaient la patience de lire les gazettes juives d'outre-Rhin, quelles colères s'amasseraient dans leurs cœurs!

De tout temps, sans doute, la calomnie a poursuivi la France; il semble que cela soit une nécessité de son existence, et peut-être faut-il souhaiter pour elle qu'elle ait toujours de nombreux calomniateurs. Mais la calomnie antifrançaise n'était jamais arrivée, à aucune époque, à l'organisation systématique que la presse juive allemande lui a donnée; jamais elle ne s'était mêlée aux événements de son histoire d'une manière aussi intime et incorporée à ses malheurs comme un facteur d'une telle importance. Partout où il y avait une distance, la presse israélite allemande a creusé un abîme; partout où les blessures commençaient à se fermer, elle a versé le liquide brûlant de l'outrage. Elle a même voulu faire éclater la guerre en 1875, et s'est efforcée, la *National Zeitung* de Berlin en tête, de pousser sur la France les armées prussiennes sous des prétextes d'une effronterie plus que sémitique. C'était la France qui menaçait l'Allemagne, qui était à la veille de l'attaquer! Il était de toute nécessité que l'Allemagne prit les devants et mit la France à la raison!

Mais l'œuvre à laquelle la presse israélite a
le plus assidûment collaboré est la transformation de la politique italienne. Il importait à
l'Allemagne de détacher l'Italie de la France.
La presse israélite y a travaillé avec une con-
stance incomparable, il faut dire plus, avec
amour. Avec quel art elle a su persuader à
l'Italie qu'il était de son intérêt et de son
devoir de haïr la France! Ce qu'elle a publié
d'articles pour flatter et enivrer l'Italie, pour
amplifier ses griefs réels ou imaginaires, pour
lui représenter la France comme prête à atten-
ter à son unité nationale, pour agiter sans cesse
devant ses yeux le spectre de Nice et de la Sa-
voie, pour l'exciter à s'élancer sur Tunis à la
première occasion, pour faire enfin passer dans
l'âme italienne, mobile et impressionnable, les
poisons de sa haine, est vraiment incroyable.
L'Italie a trop écouté. Elle a, malheureuse-
ment aussi, une presse juive, qui tend la main
par-dessus les Alpes à la presse israélite allemande et lui en accommode les élucubrations.

Non seulement la presse israélite, en excitant l'Italie contre la France, obéissait à la loi de ses passions; elle s'inspirait peut-être d'un calcul plus raffiné que voici :

Le Judaïsme doit son émancipation à la France de 1789, comme l'Italie à la France de 1859. Mais, après avoir reçu de la France ce bienfait et tiré parti de sa protection dans le monde entier, le Judaïsme, voyant la France baisser et l'Allemagne grandir, est bien vite revenu à sa vieille haine. Désormais, agent de l'Allemagne, il n'a plus songé qu'à faire la guerre à la France, et une guerre impitoyable.

En entraînant l'Italie dans la même voie, en lui démontrant chaque jour qu'il fallait se séparer de la France, la haïr et la dépouiller, les Juifs allemands enrôlaient les Italiens sous le drapeau de leur ingratitude. Éclipsée par l'ingratitude de l'Italie, la leur ne devait-elle pas paraître moins odieuse ?

Actuellement, le Judaïsme allemand poursuit en Grèce la même tactique. Il travaille sans cesse à la germaniser et à y ruiner l'influence française (1).

La presse israélite allemande démentirait ses origines, si elle n'était aussi rompue à la tromperie qu'à l'outrage. Elle passe sans effort des élans de haine grossière à des flatteries insidieuses, dont la crédulité française ne sait pas se défier. Les éloges à l'adresse de la

(1) L'infiltration germano-sémitique en Grèce a été signalée dans des correspondances publiées par le journal *le Pays* en novembre 1888.

« La nationalité grecque, porte une de ces correspondances, a en face d'elle un ennemi terrible ; car l'Israélite est l'ennemi séculaire et mortel de la Grèce ; il a contre elle une de ces haines puisées dans les profondeurs de l'hérédité, qui ont soif de perdre et de détruire et qui ne pardonnent jamais.

« Les faits de l'histoire grecque de ce siècle sont du reste parlants : en 1822, lorsque le sultan Mahmoud eut fait pendre le patriarche grec à la porte de la cathédrale de Constantinople, il livra le cadavre aux Juifs, et ceux-ci le traînèrent à la mer en poussant des cris et des imprécations furieuses. Les célèbres massacres de Chio de 1825, qui ont

France économique en offrent la preuve pal-
pable. Les journaux français ont reproduit, à
l'envi, les articles admiratifs de la presse juive
allemande sur les ressources financières iné-
puisables de la France, sur l'éclatant succès
de ses grands emprunts; ces mêmes articles
déploraient la situation économique de l'Allemagne, et constataient, avec douleur, son infé-

inspiré au peintre Delacroix une de ses plus magnifiques compositions, et ceux de la Chalcidique
ont eu les Juifs pour coopérateurs ; partout enfin, dans le cours de cette lutte mémorable qui
a abouti à l'affranchissement de la Grèce, la cruauté
musulmane a trouvé une compagne empressée
dans la perfidie et la cupidité juives. Il faudrait ignorer l'Orient pour ne pas savoir que depuis de longs siècles il est peu de massacres de
Chrétiens où les Juifs ne se soient pas comportés
comme des excitateurs pervers, ou comme des vau-
tours féroces à achever et dépouiller les victimes.

« A côté des massacres de Chio, les escroqueries
de la maison Ricardo, de Londres, lors des emprunts que la Grèce renaissante à dû contracter
sur le marché anglais, ne sont que des peccadilles,
trop familières aux grands banquiers israélites. »

riorité financière. Les Français, pendant quelques années, ont cru l'Allemagne plus ruinée pour avoir encaissé l'indemnité de guerre, que la France pour l'avoir payée; et leurs Gouvernants, au lieu de serrer les budgets d'une manière inflexible, se sont jetés à corps perdu dans la voie de l'endettement.

Dans la lutte industrielle, la presse allemande a de même endormi les Français; elle les a bercés de douces illusions, elle a chanté leur supériorité, le goût de leurs ouvriers, la perfection, inimitable en Allemagne, de l'article de Paris, jusqu'au jour où les batteries ont été démasquées et où l'industrie allemande, sur tous les marchés du monde, a pu faire à l'industrie française une concurrence victorieuse. Et les journaux français s'empressent encore de reproduire tout article de la presse allemande qui n'est pas trop malveillant, oubliant que, malveillant ou non, il est toujours perfide !

Des hommes courageux sauront sans doute

compulser tout le fatras de la presse juive allemande et la faire connaître à la France, en long
et en large, dans toute sa malice. Ils en extrai-
ront les railleries cruelles, les sarcasmes horribles, les éclats de joie infernale et des outrages sans nombre, tels que ceux-ci : « La
Fr...rrrance ! La Gr...rrrande nation ! » Cette
œuvre, il faut l'espérer, sera entreprise un jour.
Mais, si les lumières manquent encore au public
français, elles ne devraient pas manquer aux
Gouvernants. Ne jamais subventionner aucun
journal à l'étranger, spécialement en Italie, en
Allemagne et en Autriche, devrait être pour
eux une règle absolue. A quoi bon faire publier
dans une gazette juive des articles dépourvus
d'autorité, et enrichir un banquier qui, faisant
louer la France dans un journal moyennant
espèces, la fait, en même temps, insulter dans
un autre (1) ?

(1) La presse israélite allemande affecte de
dépeindre les Français comme étant, à l'égard de
l'Allemagne et des Allemands, dans un état d'em-

portement continuel. Elle ferait peut-être mieux d'admirer leur patience. Le Gouvernement allemand expulse de Berlin les correspondants des journaux français ; aucun correspondant de la presse allemande à Paris n'a été même inquiété, et Dieu sait ce que la plupart ont écrit contre la France !

Certainement, si un correspondant de la presse française à Berlin se permettait d'écrire contre l'Allemagne la dixième partie de ce que tel Juif allemand, trop fameux, a publié, depuis vingt ans, contre la France, dans un grand journal étranger, et que le Gouvernement allemand tardât à l'expulser, il serait souffleté par les officiers prussiens et provoqué de tous côtés en duel. La patience française n'a eu qu'un défaut, celui d'être excessive.

On a dû souvent se demander, à l'étranger, comment la France avait pu naturaliser et décorer des gens faisant métier de la vilipender, et comment elle hésitait, en présence d'outrages multipliés et même de scandales, à leur retirer une naturalisation dont ils s'étaient montrés indignes.

XXXVIII

L'ESPIONNAGE JUIF ALLEMAND EN FRANCE

JECKER ET L'EXPÉDITION DU MEXIQUE

Le Judaïsme allemand a le droit de réclamer
une part d'honneur dans les défaites de la
France ; car la merveilleuse organisation de
l'espionnage qui les a préparées a été certainement un résultat composé de l'adresse juive
et de la crédulité française.

Les Français, dans leur prodigieuse naïveté,
considéraient les Juifs allemands presque
comme des frères d'outre-Rhin. Les politiciens
juifs de 1848, réfugiés à Paris, devenaient les
intimes des républicains français ; ils les pous-

saient, selon toute probabilité, à se faire, au Corps législatif, les apôtres du désarmement et à combattre les projets de réorganisation militaire, en leur persuadant que la Prusse désarmerait le jour où la France aurait désarmé. Dans les services publics, dans l'enseignement, le Juif allemand s'introduisait par la voie de la grande naturalisation. Les banques juives allemandes accaparaient le trafic de l'argent. Qui n'eût pas aperçu les bataillons prussiens derrière le Juif envahisseur eût été bien aveugle.

Il ne faut exagérer aucune vérité. Si le Judaïsme allemand a rempli avec tant de système le rôle d'espion, le Judaïsme français, au contraire, est resté en dehors de cette tâche odieuse. Les exceptions, en tout cas, paraissent se réduire à une minorité infime, et la faute doit en être imputée à cette fièvre de naturaliser tous les Juifs du monde, qui a régné pendant toute une époque en France et qui aujourd'hui n'est pas encore guérie.

Quant aux Juifs allemands de distinction

auxquels de hautes places ont été accordées, le fait est sans doute déplorable. Dans la sphère scientifique, où il s'est surtout produit, il a été, à tous les points de vue, un symptôme de décadence et a eu de funestes conséquences pour la réputation de la France. Mais enfin, on peut et on doit présumer que, pourvus de fonctions élevées, chargés d'honneurs, ils ont mis depuis longtemps de côté les passions haineuses du Judaïsme allemand et qu'ils aiment sincèrement la France.

De tous les services que la perfidie juive a rendus à la Prusse, il n'en est aucun qui égale l'expédition du Mexique. Pour lancer la Prusse dans la carrière d'agrandissements qui s'est ouverte par la guerre du Danemark, il fallait immobiliser la France ; et, pour immobiliser la France, il fallait la jeter dans une grande et lointaine entreprise militaire. Un Juif allemand ou quasi allemand, Jecker (1),

(1) Originaire d'Aarau, en Suisse.

s'en chargea. Grâce à ses intrigues, la France, ou plutôt son Gouvernement, déjà malade, se laissa persuader d'entreprendre en Amérique une expédition qui devait absorber ses forces et dont l'insanité, en présence des projets imminents de la Prusse, échappe à toute comparaison historique, excepté peut-être, hélas ! dans le présent. La France ainsi paralysée, la Prusse put entrer en scène. On sait le reste. Lorsque les Communeux ont fusillé Jecker, il a pu se dire, à titre de dernière consolation, qu'aussi bien que Bismarck et Molkte, il avait fait Sedan.

Jamais les Français ne se sont même posé, au sujet de l'expédition du Mexique, un point d'interrogation. Quelles étaient les relations de Jecker avec le gouvernement prussien? Avait-il des rapports intimes soit avec quelque grand banquier de Berlin, servant à la politique prussienne d'organe général de transmission dans le monde israélite, soit avec des banquiers juifs allemands à Paris? L'ambas-

sade de Prusse à Paris lui a-t-elle facilité les
accès en haut lieu? Lui a-t-elle fourni de précieux renseignements? Nul problème ne mériterait une scrutation plus complète. Peut-être,
il est vrai, les recherches n'aboutiraient-elles
à la découverte d'aucune preuve matérielle,
la fraude israélite ne laissant pas inutilement
de vestiges derrière elle; on voit l'édifice,
on n'aperçoit pas trace de l'échafaudage.

XXXIX

LE SÉMITO-GERMANISME EN ORIENT

Il n'est pas de fait plus général ni plus inquiétant que l'invasion du Sémito-Germanisme dans les cinq parties du monde. On le rencontre partout : en Belgique, Hollande, Danemark, Suède, Norvège, Pologne, Russie, Hongrie, Serbie, Roumanie, Turquie, Égypte, Perse, dans l'Inde, en Chine, au Japon, en Australie, aux États-Unis, au Mexique, dans l'Amérique du Sud, au cap de Bonne-Espérance, au Maroc, etc. L'Angleterre elle-même est obligée de compter avec lui, et tout fait prévoir que le Sémito-Germanisme y deviendra de plus en plus puissant.

Partout aussi ce fait est dirigé contre la France ; et il ne peut pas en être autrement : juive ou germanique, l'Allemagne s'enrichit de tout ce qu'elle enlève à la France.

En Orient spécialement, le Sémito-Germanisme travaille sans relâche à supplanter la France, et cette œuvre de substitution n'est aujourd'hui que trop avancée. Il est peut-être encore possible à la France de réagir, mais elle n'a pas un instant à perdre.

Avant tout, il faut qu'elle s'éclaire et se pénètre de cette idée : qu'en Orient, Israélitisme et Germanisme sont deux forces également tournées contre la France. Grâce à l'Israélitisme, le Germanisme enlace tout le territoire de la Turquie, et, grâce au Germanisme, l'Israélitisme devient une organisation politique. Salonique, avec ses quatre-vingt mille Juifs, lui fournit une capitale européenne ; la Palestine et la Syrie, recolonisées, se reconstituent par degrés en État juif.

Les calculs israélites, dans cette association,

méritent toute espèce d'éloges pour leur sûreté, et, on peut même dire, pour leur profondeur. Non seulement en s'appuyant sur l'Allemagne, l'Israélitisme se donne en Orient un protecteur respecté et redouté, prêt à tout accorder pour l'extension de sa puissance, mais plus l'influence orientale de l'Allemagne aura les Juifs pour agents ou pour intermédiaires, plus il faudra que l'Allemagne se fasse dans toutes les contrées du globe la protectrice des Juifs. Le Juif qui travaille pour l'Allemagne en Asie travaille donc pour lui-même, tant en Asie qu'en Europe et dans le reste du monde. Sa conduite procède de la logique de l'intérêt, d'un instinct absolu, impérieux, dégagé de toute considération de loyauté ou de reconnaissance.

Il faut l'avouer, la France a été bien ingénue, bien naïve, de se faire en Orient la protectrice des Juifs. Le protégé a accepté avec empressement cet appui trop généreux, il a même célébré la France avec un enthousiasme hyperbo-

lique et joué envers elle la comédie du dévouement. Mais, après être ainsi sorti d'un abîme
d'humiliations et avoir pris possession de ses
forces renaissantes, l'Israélitisme a lâché la
France pour l'Allemagne. De longue main, du
reste, ce changement était préparé, et si les
agents diplomatiques français, au lieu de se
laisser circonvenir par les Juifs et entraîner à
prendre leur cause dans mainte affaire suspecte, les avaient mieux observés depuis un
demi-siècle, ils auraient vu qu'il existait déjà
entre eux et la diplomatie prussienne en
Orient des liens discrets, mais étroits et crois-
sant de jour en jour. En matière diplomatique comme en matière militaire, l'Allemagne
a récolté ce qu'elle a semé par un travail invisible et silencieux, et le grand mouvement
germano-israélite en Orient n'est pas plus
une improvisation que la guerre de 1870 et
l'annexion de l'Alsace-Lorraine (1).

(1) Voir, dans l'ouvrage de M. Georges Corneilhan, *Juifs et Opportunistes* (Paris, 1889), des détails

Mais nulle part les progrès du Sémito-Germanisme ne constituent pour la France un danger aussi redoutable qu'au Maroc. Si l'Allemagne parvient à placer cet empire sous sa tutelle, de graves complications peuvent, en cas de guerre, surgir dans l'intérieur de l'Algérie et

fort intéressants sur le Judaïsme en Égypte et en Syrie, sur la recolonisation juive en Palestine, etc.

M. Georges Corneilhan raconte comment la protection française a été accordée à des colonies juives allemandes en Palestine.

« Il est évident qu'aujourd'hui, dit tristement cet auteur, la mission d'un consul de France en Orient n'est plus de protéger les Français, ni par conséquent de défendre les intérêts de la France ; sa mission, semblable à celle de nos gouvernants, consiste à protéger le Juif et à lui permettre d'agir et de piller à l'abri du prestige mourant du nom français. »

Il n'y a de comparable à ces erreurs que l'imprudence des maisons de commerce françaises qui se sont fait représenter, en Turquie, en Égypte et ailleurs, par des Juifs allemands. Ceux-ci, dès que la clientèle a été créée et que les plâtres, pour se servir de l'expression familière, ont été essuyés

sur sa frontière occidentale. Les hommes d'État français, s'ils ont le sens de l'avenir, ne doivent pas cesser d'avoir les yeux sur le travail souterrain de l'Allemagne au Maroc, et sur le rattachement graduel, qui s'y opère, de la population israélite à la direction allemande (1).

par l'argent français, se sont empressés d'offrir leurs services aux maisons allemandes et de s'approvisionner de marchandises allemandes. Aussi l'anéantissement du commerce français en Orient est-il général.

Et comment pourait-il en être autrement ? Les capitalistes français qui s'intéressent à des affaires de commerce en Orient sont assez simples pour choisir, comme intermédiaires de leurs achats, des Juifs allemands ; ceux-ci, bien entendu, achètent de préférence des marchandises allemandes ou anglaises ; naturellement ces achats se font à Paris, chez des commissionnaires juifs allemands, et les capitalistes français, dans l'illusion de leur patriotisme, sont persuadés qu'ils font prospérer le commerce national.

(1) Il est à noter que les Juifs allemands, lorsqu'ils se sont fait naturaliser aux États-Unis, ne

manquent pas d'utiliser au Maroc la protection américaine. Le pavillon des États-Unis y couvre ainsi l'expansion du Sémito-Germanisme, ce qui permet à l'Allemagne d'y économiser son action directe. Une longue correspondance, publiée dans le *Times* du 28 juillet 1886, donne d'affreux détails sur les usures et cruautés pratiquées par les Juifs, sous la protection américaine, dans ce malheureux pays.

CONCLUSION

CONCLUSION

Que doit faire la France? Il ne peut, cela est évident, être question ni de persécution, ni de spoliation, ni même de haine. Mais, en tant que le Judaïsme constitue un facteur de l'invasion allemande, et le facteur le plus actif de cette invasion, la France est tenue de le refouler. De même, en tant que le Judaïsme poursuivrait le dessein de former une nation dans une nation, un État dans l'État, la France doit le briser de telle sorte que ce dessein ne renaisse pas. Enfin, la France, sous peine de perdre sa liberté d'action et sa dignité, ne doit pas tomber sous le joug des financiers. Peu importe qu'ils soient français ou étrangers, juifs, protestants ou catholiques; la France, aux mains des financiers, n'est plus la France.

Autant ces préoccupations sont légitimes, autant il faut de prudence pour ne pas se laisser entraîner par elles au delà du strict nécessaire. L'abîme qui sépare le Judaïsme de la France est profond; faut-il désespérer de le franchir? A côté d'un Judaïsme fourbe et cupide, haïssant tout ce qui n'est pas lui, est-il impossible d'en concevoir un autre moins méprisant, moins égoïste, et capable, en absorbant le premier, de le faire entrer dans le vaste cadre de la civilisation aryenne? On se plaît à espérer cette rénovation à la lecture de certains ouvrages où le Judaïsme, imprégné d'un souffle platonicien, ressemble à un Évangile anticipé. Si la vérité historique y est sacrifiée, on doit applaudir à la sagesse de l'intention. Réconcilier le monde sémitique et le monde aryen est une œuvre difficile entre toutes, et on ne saurait trop encourager les nobles esprits, qui, dans le sein du Judaïsme, s'efforcent de le débarrasser de ses instincts de cupidité et de haine. Puissent-ils réussir dans cette tâche arduc et obtenir des résultats durables !

D'autre part, nombre d'Israélites semblent entrés, d'une manière définitive et sans arrière-pensée, dans la vie nationale française. Des militaires, des magistrats, des administrateurs ont rempli leurs fonctions avec zèle et intégrité. Y a-t-il eu, parmi eux, de regrettables exceptions? Quelque magistrat israélite aurait-il parfois intrigué pour ses coreligionnaires auprès de ses collègues? Quelque administrateur israélite aurait-il facilité les affaires des spéculateurs juifs? En tout cas, et fussent-elles nombreuses, ces exceptions ne doivent pas rejaillir sur ceux qui ont fidèlement accompli leurs devoirs, ni les priver de l'estime qui leur est due. Et pourquoi même les hautes fonctions politiques seraient-elles fermées à un Israélite à raison de sa seule origine ?

Si le politicien israélite, tel qu'il a été décrit plus haut, est un être détestable, la France ne demande à ceux auxquels elle se confie que l'intelligence de ses besoins et un cœur vraiment français.

Faut-il terminer par un conseil ? Quels que soient, en toute circonstance, les torts de l'Israélite, l'Aryen doit toujours user de ménagements avec lui. Il ne doit pas oublier qu'il a en face de lui un être irritable et qui n'a que trop souvent sucé avec le lait les poisons de la haine et de la vengeance. Ne jamais blesser l'Israélite doit être une règle sacrée. Si l'Israélite doit, en grande partie, à sa passion d'outrage sa destinée historique, il l'a trop cruellement expiée pour qu'on ne lui facilite pas, en fermant souvent les yeux, l'oubli de son propre passé.

TABLE DES MATIÈRES

TABLE DES MATIÈRES

LIVRE PREMIER

LES POLITICIENS ISRAÉLITES

		Pages
I.	Premières impressions	7
II.	La société israélite dans la société aryenne	15
III.	Influence pernicieuse de la société israélite sur la société aryenne	23
IV.	Stabilité animale de la société israélite	29
V.	Conformation intellectuelle et instincts des Juifs	35
VI.	L'esprit israélite	41
VII.	Causes de faiblesse de la société aryenne en face de la société israélite	49
VIII.	Vérités amères	55

Pages

IX.   Réaction de la société aryenne contre la société sémitique ..   61

X.   Les forces morales............   69

XI.   Les grands hommes..........   74

LIVRE DEUXIÈME

LES JOURNALISTES ISRAÉLITES

XII.   Le journalisme israélite.......   79

XIII.   Principes et méthodes du journalisme israélite...........   86

XIV.   Portrait du journaliste israélite.   95

XV.   Réflexions essentielles..   103

LIVRE TROISIÈME

LES BANQUIERS ISRAÉLITES

XVI.   La Banque israélite. — Esquisse du banquier juif.......... ..   113

XVII.   Psychologie du banquier juif...   119

XVIII.   Les démons. — Le démon de l'orgueil...   125

XIX.   Les démons du banquier juif... — Les démons de la cupidité, de la ruse et de la volupté....   131

		Pages
XX.	Génie de machination. — Les emprunts publics	139
XXI.	Les sociétés frauduleuses	145
XXII.	La corruption	153
XXIII.	Influence politique des banquiers juifs	161
XXIV.	Domination des banquiers juifs sur les hommes politiques	171
XXV.	Influence de la Finance israélite sur la morale publique	179

LIVRE QUATRIÈME

LES JUIFS DANS LES PARTIS POLITIQUES

XXVI.	L'état de suggestion. — Comment les Juifs se mêlent aux partis politiques	185
XXVII.	Rôle des Juifs dans les partis	191
XXVIII.	La flatterie. — Comment les Juifs circonviennent les hommes politiques	197
XXIX.	La réclame. — Les services d'argent	203
XXX.	Comment les Juifs perdent les hommes et les partis politiques	209

LIVRE CINQUIÈME

LE JUDAÏSME ET LA FRANCE

		Pages
XXXI.	Mission historique du Judaïsme.	217
XXXII.	Mission historique de la France en face du Sémitisme.	225
XXXIII.	Haine séculaire du Judaïsme pour la France	231
XXXIV.	Rôle du Judaïsme dans l'expansion germanique	235
XXXV.	La calomnie israélite allemande et les erreurs françaises	239
XXXVI.	La lutte	245
XXXVII.	La presse israélite allemande	251
XXXVIII.	L'espionnage juif allemand en France. — Jecker et l'expédition du Mexique	261
XXXIX.	Le Sémito - Germanisme en Orient	267
CONCLUSION		275

Imp. du Progrès. — Planteau, 7, rue du Bois, Asnières.